W0174819

Hans Maier

Von Orgeln, Chören und Kantoren

Hans Maier

Von Orgeln, Chören und Kantoren

Für alle Freunde geistlicher Musik

Bearbeitet und neu herausgegeben von
Markus Zimmermann

Herder
Freiburg · Basel · Wien

Umschlaggestaltung: Finken & Bumiller, Stuttgart
Umschlagmotiv: Kanzelorgel der Stiftskirche Zwettl, Niederösterreich.

Alle Rechte vorbehalten – Printed in Germany
© Verlag Herder Freiburg im Breisgau 1997
Satzbearbeitung: Fotosetzerei G. Scheydecker, Freiburg im Breisgau
Druck und Bindung: Freiburger Graphische Betriebe 1997
Gedruckt auf umweltfreundlichem,
chlor- und säurefrei gebleichtem Papier
ISBN 3-451-26182-0

INHALT

Vorwort

Dies ist kein Buch von Traurigkeit, ganz im Gegenteil. Kein steifleinenes trockenes Kompendium, so hoffen wir – obwohl es neben heiteren auch durchaus ernste Töne anschlägt. Schauplatz der musikalischen Streifzüge und Selbstzeugnisse ist die Kirchenmusik. Wir haben versucht, zu sammeln und aufzufangen, was sich rund um Sänger, Chöre und Orgeln an Reflexionen und Geschichten, an Nachdenklichem und Besinnlichem im Lauf der Zeiten niedergeschlagen hat.

Auch eigene Erfahrungen aus vielen Jahren des Organistendiensts (im Nebenamt) sind in Gestalt von Lesefrüchten und Anekdoten, die uns andere erzählt haben, in diese Blätter eingegangen.

Für die Erstausgabe von 1982 unter dem Titel *Ihr Chöre, lobet den Herrn* waren u.a. mehrere Zitate aus den Anthologien „Lebendige Musik in zwei Jahrtausenden. Musikgeschichte in Selbstzeugnissen" (Köln, Staufen-Verlag 1940) von Hermann Unger sowie „Trösterin Musika. Gesammelte Aufsätze und Kritiken" (München, Callwey 1942) von Alexander Berrsche ausgewählt worden.

Diese beiden verbreiteten Sammlungen, Wegbegleiter vieler Suchender in den Kriegs- und Nachkriegsjahren, bildeten zusammen mit einigen Notenbänden sowie ersten praktischen Erfahrungen das Startkapital des Kirchenmusikers Hans Maier. In den folgenden Jahrzehnten wuchs dieses durch Aufnahme neuer Stoffe und Gedanken zu einem Vermögen an, das in einer Auswahl von *Heiterem und Besinnlichem allen Freunden der musica sacra dargeboten* werden konnte.

Bewußt wurden daher für die Neuausgabe die Gliederung in sieben Kapitel sowie ein Großteil der Texte beibehalten. Ziel war neben der Illustration eine Erweiterung der Textsammlung im Sinn einer behutsamen Fortschreibung, ohne den Charakter des historisch gewachsenen, persönlich gefärbten Lesebuches aufzugeben. Erfreulicherweise konnten einige mehr beiläufige durch authentischere Texte ersetzt werden.

Danken möchten wir Herrn Dr. Rudolf Walter, der die Erstausgabe angeregt hatte, sowie Herrn Ludger Hohn-Morisch, der als Lektor die Neuausgabe förderte, ferner den Verlagen, die für die wirtschaftlichen und rechtlichen Grundlagen sorgten. Vor allem aber gilt unser Dank den Urhebern der einzelnen Beiträge, durch die das Buch seine Lebendigkeit erhielt.

München, im Frühjahr 1997

Hans Maier
Markus Zimmermann

1

MUSICA SACRA · EIN VORSPIEL

FREUEN SOLLEN SICH DIE HIMMEL

Freuen sollen sich die Himmel,
jauchzen soll das Erdreich,
das Meer dröhnen und was es füllt,
das Gefild sich ergötzen und alles was drauf ist,
dann sollen jubeln alle Bäume des Waldes
vor SEINEM Antlitz, da er kommt,
da er kommt, das Erdreich zu richten:
er richtet die Welt mit Wahrspruch,
die Völker mit seiner Treue.

Aus Psalm 97, übersetzt von Martin Buber

DIE SCHÖPFUNG LOBT GOTT

Es loben die Engel den Herrn, ihm psallieren die Mächte der Himmel, und noch vor Anfang unserer Welt rufen schon Cherubim und Seraphim mit dem süßen Wohllaut ihrer Singstimmen: „Heilig, heilig, heilig". Unzählige Tausende von Engeln helfen ihnen dabei, und die Ältesten und die große Heerschar lassen gleich dem Rauschen vieler Wasser das Halleluja ertönen. Der ausdrucksstarke Gesang läßt selbst die Himmelsachse mit dem süßen Wohllaut ewiger Harmonie sich drehen, damit dessen Ton bis zu den entferntesten Bereichen vernommen wird, wo die Geheimnisse der Natur ruhen.

Ambrosius: Psalmenerklärungen, Einleitung

Musik — die vornehmste aller Wissenschaften

Da die Musik unter den sieben freien Künsten allein den Vorsitz führt, wie Aristoteles schreibt, so ist es die Musik, die in der triumphierenden und streitenden Kirche Gott wohlgefällig ertönt, jene Musik, welche die Heiligen in ihre Andachtsübungen aufnahmen, durch die die Sünder Verzeihung erflehen, durch die die Traurigen gestärkt werden, durch die die Geisteskranken Erleichterung empfinden, durch die die Kämpfenden ermutigt werden. Denn wie Isidor im Buch der Etymologien sagt, ist die Schande nicht geringer, nicht singen zu können, als von Wissenschaft nichts zu verstehen, da doch die Heiligen mit den Engeln und Erzengeln, mit den Thronen und Herrschaften und mit der ganzen himmlischen Heerschar unaufhörlich täglich das Heilig, heilig, heilig singen.

Daraus geht hervor, daß sie die vornehmste aller Wissenschaften ist und daß jeder sie in gehöriger Weise vor allen anderen kennen muß. Und dies läßt sich auch beweisen. Denn keine Wissenschaft hat es gewagt, außer der Musik allein, in den Kirchenraum einzudringen.

Thomas von Aquin: De arte musica

Musik ein Bild der Kirche

Die Musik ist ein Bild der Kirche; die drei Oktaven entsprechen den drei Stufen der Buße, die Schlag-, Blas- und Saiteninstrumente den dreierlei Tugenden, die vier Notenlinien den vier Kardinaltugenden, die sieben Schlüssel den sieben Sakramenten, die acht Kirchentonarten den acht Seligkeiten der Bergpredigt.

Johannes de Muris: Speculum Musicae (1340–1350)

1 Kreuzgang Stiftskirche St. Andreas,
Berchtesgaden/Oberbayern.
Die musizierende Symbolfigur aus
dem 12. Jh. wurde auch als Orpheus
interpretiert.

CHRISTUS ALS ZWEITER ORPHEUS

Auch die Musik hat Christus lehrend hinzugefügt, und zwar als er mit dem Tympanum seines am Kreuze ausgereckten Leibes erklang, während seine Seele daran schlug und sein Atem es wiederhallen ließ, so süß, daß er weit besser, als man von Orpheus sagt, auch alle jene, die in allen Weltgegenden weit entfernt von ihm weilen, an sich zieht. Denn er hat Einklang und Eintracht zwischen Irdischem und Himmlischem herbeigeführt, alles versöhnend, alles befriedend durch sein Kreuzesblut, wie Paulus sagt. Solches zu vollbringen ist niemandem früher noch später gegeben worden.

Franciscus Venetus: De harmonia mundi cantica tria (1525)

DER BESTEN KÜNSTE EINE

Der schönsten und herrlichsten Gaben Gottes eine ist die Musica, der ist der Satan sehr feind, damit man viel Anfechtung und böse Gedanken vertreibet, der Teufel erharret ihr nicht.

Musica ist der besten Künste eine. Die Noten machen den Text lebendig. Sie verjaget den Geist der Traurigkeit, wie man es an König Saul siehet.

Musicam habe ich allezeit lieb gehabt. Wer diese Kunst kann, der ist guter Art, zu allem geschickt. Man muß die Musik von Not wegen in Schulen behalten. Ein Schulmeister muß singen können, sonst sehe ich ihn nicht an.

Wer die Musicam veracht', wie denn alle Schwärmer tun (wie die Calvinisten), mit denen bin ich nicht zufrieden. Ich gebe nach der Theologia der Musica den nächsten Platz und höchste Ehre. Und man siehet, wie David und alle Heiligen ihre gottseligen Gedanken in Vers, Reimen und Gesänge gebracht haben.

Singen ist die beste Kunst und Übung. Es hat nichts zu tun mit der Welt, ist nicht für Gericht noch in Hadersachen.

Martin Luther: Tischreden

HIMMELSMUSIK

Es sind also die Himmelsbewegungen nichts anderes als eine fortwährende mehrstimmige Musik (durch den Verstand, nicht das Ohr faßbar), eine Musik, die durch dissonierende Spannungen, gleichsam durch Synkopen und Kadenzen hindurch (wie sie die Menschen in Nachahmung jener natürlichen Dissonanzen anwenden) auf bestimmte, vorgezeichnete, je sechsgliedrige (gleichsam sechsstimmige) Klauseln lossteuert und dadurch in dem unermeßlichen Ablauf der Zeit unterschiedliche Merkmale setzt. Es ist daher nicht mehr verwunderlich, daß der Mensch, der Nachahmer seines Schöpfers, endlich die Kunst des mehrstimmigen Gesangs, die den Alten unbekannt war, entdeckt hat. Er wollte die fortlaufende Dauer der Weltzeit in einem kurzen Teil einer Stunde mit einer kunstvollen Symphonie mehrerer Stimmen spielen und das Wohlgefallen des göttlichen Werkmeisters an seinen Werken soweit wie möglich nachkosten in dem so lieblichen Wonnegefühl, das ihm diese Musik in der Nachahmung Gottes bereitet.

Johannes Kepler: Harmonices mundi (1619), V, 7

DAS HERZ SINGT

Die Andacht will nicht sehen, wer singt; vom Himmel kommen ihr die Töne; sie singt im Herzen; das Herz selbst singet und spielet. Wie also der Ton von der getroffenen Saite oder aus seinem engen Rohr losgemacht, frei in den Lüften hallet, sicher, daß er jedes mitfühlende Wesen ergreift und allenthalben wiederhallend, im Kampfe des Widerhalls sich neu gebiert, neu mittreibet: So schwebt, von Tönen emporgetragen, die Andacht rein und frei über der Erde, genießend in einem das All, in einem Ton harmonisch alle Töne.

Johann Gottfried Herder: Kalligone, 2.Teil: Von Musik

Dona Musica spricht

Mein Gott, du hast mir die Macht gegeben, daß alle, die mich anschauen, Lust bekommen, zu singen; es ist, als gäbe ich ihnen ganz leise den Takt an...
Singe, wer nicht mehr zu reden versteht!

Es braucht nur ein schüchternes Herz die Einfalt zu haben und den Anfang zu machen, und schon horchen unwillkürlich alle anderen auf, geben Antwort und stehen im Einklang.

Über alle Grenzen hinweg gründen wir einen verzückten Staat, darin die Seelen einander auf Gondeln besuchen, für deren Tiefgang eine einzige Träne genügt.

Nicht wir erfinden die Musik, sie ist schon da; nichts entgeht ihr, man muß sich nur dreingewöhnen; wir müssen uns nur hineinversenken bis über die Ohren.

Statt uns den Dingen zu widersetzen, sollten wir uns geschickt in sie einschiffen auf ihrem seligen Seegang!

Paul Claudel: Der seidene Schuh, III,1

Musik sehen, Licht hören

Gott blendet uns durch die Überfülle der Wahrheit, sagt der heilige Thomas von Aquin ...

Die Kontemplation sieht etwas, aber was sieht sie? Etwas, das größer ist als alles, das weder das eine ist noch das andere – so drückt sich geheimnisvoll Ruysbroeck aus.

Und die Apokalypse sagt: Ein Thron stand im Himmel und auf dem Throne saß einer. Und der da saß, sah aus wie Jaspisstein und wie Sardisstein, und rings um den Thron war ein Regenbogen, anzusehen wie ein Smaragd...

Die Farbenmusik wiederholt das Werk der Scheiben und Rosetten des Mittelalters. Sie bringt uns in den Zustand geblendeten Staunens. Indem sie gleichzeitig unsere vornehmsten Sinne, das Gehör und das Auge, berührt, erschüttert sie unser Sinnesvermögen, reizt sie unsere Vorstellungskraft, erweitert sie unser Erkennen, drängt sie uns, die Begriffe zu überschreiten, hin zu dem, was höher ist als Urteil und Intuition: der Glaube.

Das ewige Leben, so lesen wir bei Johannes, das ist: Dich erkennen, Dich, den wahren Gott, und Den Du gesandt hast, Jesus Christus. Dieses Erkennen wird in einem staunenden Geblendetsein bestehen, einer ewigen Musik von Farben, einem unaufhörlichen Farbschein von Musik: „In Deiner Musik werden wir die Musik sehen, in Deinem Licht das Licht hören."

Olivier Messiaen: Was ist sakrale Musik?

MUSIK UND SCHÖPFUNG

Dann aber klingen in der Musik ineinander: Mensch und Schöpfung. Natürlich ist der Mensch selbst ein Stück Schöpfung. In ihr stehend aber steht er ihr zugleich gegenüber. Daß Schöpfung selber „erklingt", kommt im Menschen zu sich, wird im Menschen vollbracht: Aber indem er dies vollbringt, indem er das Wort der Schöpfung birgt und entbirgt, beansprucht er Schöpfung. Der Mensch braucht zumindest seine eigene Stimme, ihren Naturklang, und er beansprucht auf vielfältige Weise die Möglichkeiten der Natur, indem er sie nutzt und transformiert, auf daß sie ihm ihren Klang leihe für seine Musik. Der Mensch gibt der Stimme der Schöpfung sein Wort, er läßt zugleich mit seiner Stimme das in der Schöpfung geborgene Wort erklingen. Damit es aber erklinge, leiht er sich seine eigene Stimme bei den Möglichkeiten der Schöpfung aus. Melodie, Rhythmus und Harmonie, die Konstituentien von Musik, sind von der Schöpfung dem Menschen zugespielt, indem er zugleich darin sich selbst ausdrückt und ausspielt.

Klaus Hemmerle: Musik als Liturgie – Liturgie als Musik

2

Rund um die Königin

Die Orgel als königliches Instrument

Die frühen Christen waren im Umgang mit den Lebensformen ihrer heidnischen Umwelt keineswegs zimperlich und ängstlich... Denken wir speziell auf unserem Gebiet an die Orgel, die zunächst bei Gladiatorenkämpfen verwendet wurde, später Zeichen katholischer Macht und Hoheit war und schließlich zum genuin kirchlichen Instrument wurde... Es geschah mit der Orgel etwas ganz ähnliches wie mit dem Ruf „Kyrie eleison". Ursprünglich Huldigungsruf für den römischen Kaiser, wurde er auf Christus, den wahren Herrn und Gott übertragen und ihm allein vorbehalten...

Das geistige und theologische Verständnis der Orgel hat wesentlich dazu beigetragen, daß die Orgel auch technisch und musikalisch zur Königin aller Instrumente entwickelt wurde. Es gibt keines, das so viele Stimmen, Klangfarben, dynamischen Reichtum vom zartesten Pianissimo bis zum mächtig brausenden vollen Orgelklang in sich vereinigt, keines auch, das einen so mächtigen und kunstvollen Anblick bietet. Dazu die Windladen, Registerzüge und Verbindungen von den Tasten zu den Pfeifen. So wird die Orgel in der christlichen Verkündigung oft gebraucht als Bild und Gleichnis der Schöpfung, deren Reichtum und Vielfalt Gott der Herr immer neue Harmonien entlockt bis zur Vollendung der Welt, als Bild und Gleichnis auch der christlichen Gemeinde, die vom Hauch des Heiligen Geistes durchströmt und zum Klingen gebracht wird, wie die Orgel von der Luft, die aber nur dann ihren vollen harmonischen Klang entfalten kann, wenn die einzelnen Pfeifen stimmen, sich einfügen ins Ganze, und nicht durch Schmutz, technische Mängel und Risse im Werk zu Versagern oder lästigen „Heulern" werden.

Franz Fleckenstein: Gott loben, das ist unser Amt

ORGELN IN BYZANZ

Dann wird ein Gegenstand hereingebracht, Orgel genannt, es ist dies ein aus einem viereckigen Holz hergestelltes Ding nach Art der Ölpresse, und jene Presse wird mit festem Leder bedeckt, dann werden darin 60 kupferne Röhren eingesetzt. Jene Röhren sind über dem Leder mit Gold bedeckt, so daß nur wenig davon erkennbar ist, da eine immer länger ist als die andere; an der Seite dieses viereckigen Dinges befindet sich ein Loch, in welches ein Blasbalg eingesetzt wird, gleich dem Blasbalg der Schmiede. Und es werden drei Kreuze gebracht, und zwei davon werden an seine beiden Enden gelegt und eins in die Mitte. Dann bringt man zwei Männer, die in jenen Blasbalg hineinblasen, und es erhebt sich der Meister und spielt auf jenen Röhren, und jede Röhre singt durch ihre Lage nach Maßgabe des Tones, der auf ihr gespielt wird, zum Lobe des Kaisers, wobei sämtliche Leute an den Tischen sitzen. Es treten 20 Mann mit Cymbeln in den Händen ein, auf denen sie spielen, solange jene essen, und in dieser Weise spielen sie 12 Tage.

Hermann Unger: Lebendige Musik in zwei Jahrtausenden

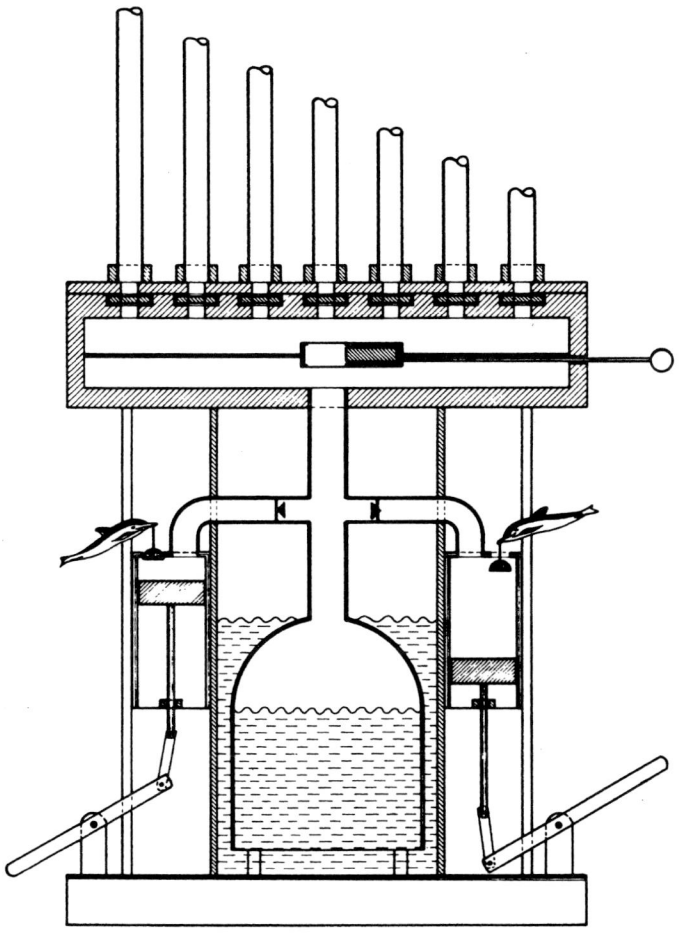

2 *Schnitt durch eine Wasserorgel: Die beiden Kolbenpumpen wirken alternierend; die Delphine dienen als Gegengewichte der Einlaßventile und steigen beim Orgelspiel auf und nieder. Die verschiedenen Pfeifenreihen (Register) können durch Schieber im Windkasten eingeschaltet und wahlweise einzeln oder zusammen gespielt werden.*

LE FACTEUR D'ORGUE ET
QUISINIER POUR CARNEVALLE FASNACHT

Eß ist nit genug daß nur die Herren organisten und die orgelmacher wüßen waß ein orgel ist, und damit die gantze wält verstöhen kan waß ein orgel ist muß ich nur ein Gleichnuß geben, aber mit waß ßoll ich eine orgel Vergleichen damit die gantz wälth verstöhe, zu einer malzeith ßonderlich vor große Herren, die Bauren mißen wüßen waß die hl. trey könig geopfert haben.

der wünd und das waßer seind zway ongleichen Elamenten doch kompt mir woll daß ich die Blaßbälg zum waßer Vergleichen kan one wünd kaine orgel, one waßer kain broth kain wain kain supen, also daß erster ist notwändig

1.	Blaßbälg	das waßer
2.	die Registerzüge	der Flaischhacker
3.	der stull	der stull
4.	daß Clavier	daß däller
5.	die finger	meßer gabel
6.	montre 16 pieds	flaischbrühen
7.	Bourdon 16	das Broth in die ßupen
8.	principall 8 fuß	der Reiß auff der supen
9.	Bourdon 8 fuß	Rind flaisch
10.	octave oder prestant	der wein
11.	flött 4 fuß	Voräßen
12.	quinta ton	ßaur kraut
13.	doublett souperoctav	daß saltz
14.	fournitur Cimbale	daß gewürtz

Malzeit ordinair

15.	trompete 8 fuß	gebrates
16.	Clairon	Lörchen
17.	Cornet	Capre brüen

18. Voix humana	Oxen Zungen
19. Gamba	Röchschlögell
20. Bombard	wülld schweinschunken der Kopf

Extraordinary Malzeith

21. Cormorne	Rebhiener
22. Cornet Recit	ortholan oder faßanen
23. diße 2 zußsamen	Salmy schnepfen

Grosse Malzeith

24. das pedall ies gemain	burgunderwein
25. das positif ies gemain	Confect vor das frauwen Zimmer
26. nazard und tierce alain	sein nichts

aber mit ihren gehörigen fundamenter
alß wüe principall Coplen prestant
ist ein Confect vor menner.

27. Larigot ist ein	Craime faible
28. flut travercier	durten
29. Salicionall	Zuckernbroth
30. Gamba 4 fuß	Rosoly
31. Echo	Caffee

es ist nit genug daß man Speisen hat man muß auch wüßen auff zu tragen, nach dem der man prat man jhm ein wurst.
aux faite avocat ernstlich geröth wüe man die Register zusammen melieren solle

Fondamenter

1. principal 16 alein
2. Copell 16 alein
3. Copell 8 alein

4. Principall 8 alain
5. Copell und principall
6. Copell und principall 8

7. Bourdon montre Copell 8 prestant

ordinary malzeith dise öst man
gravitetisch große brocken muß man langsam eßen
sonsten kan man versticken

8. Completten Corall
zu diesen obigen Registern kan man ziehen
Superoctav mixtur Cimball

guthe malzeith ordinary

9. grand jeux oder tuty Bombard trompette Clairon
gros Cornet Cromorne trompett positif
Clairon prestant octav

malzeith vor ein generall oder
vor einen großen prelaten und daß Convent

10. wan der organiste die Bombarde
im pedale tractiren kan zu dißen obigen

so ist es vor einen generall d'armee

11. fugue fugieren
trompett clairon prestant
trompett positiv clairon

ein malzeith vor ein organiste

12. jeux de tierce im Base
    Bourdon 16 Bourdon 8 montre 8
    octave flött 4 grosse tierce
    nazard quart tierce
    im discant positif Bourdon
    prestant flut nazard quart larigo
    tierce oder Cornet im Recit

    ein malzeith vor ein orgelmacher
    Dieu veull avoir leurs ames
    als wüe die 12 apostell

13. Cromorne en taille
    grande orgue Bourdon montre
    mit der Rechten hand acompagniment
    in der linken hand das positif
    prestant Cromorne daß Cantable
    im pedall flött 8 flött 4 f8ß
    den Contre Base

    malzeith vor ein König aber mus köner sein

14. tierce en taille
    die Rechte hand große manuale
    Bourdon 8 montre 8 prestant
    linke hand im positife
    Bourdon prestant nazard
    flöt tierce quart larigot
    pedall flut 8 flut 4

    Vor ein peesten könner

15. Duo de Cromorne
    im positife octave Cromorne mit der linken hand
    im Recitativ clavir mit der Rechten hand

    Vor einen Seignior

16. Trio
    Prestant Cromorne Bourdon mit der Rechten hand
    im manuall Copell principall prestant
    im pedall Copell 16 flöt 8

    Vor einen Liebhaber oder könner

17. Solo oder Recitatif
    Montre Copell manuall linken hand
    Cornet Recit Rechten hand

    Vor das frauwen Zimer

18. grand orgue prestant Copell linkhe
    im positif trompette

    Vor ein officiere

19. Baße de trompette
    im manuall lincke hand
    trompette clairon prestant Cornet
    im positife Bourdon Larigot Doublette Rechten hand

    Vor einen Krügshölden

20. Solo oder Recit chalmeyen
    Copell 8 im 3ten clavier Recit
    chalmey Copell

    Vor ein ittaliener

21. Base gamba
    manuall gamba 8 Copell prestant
    im positif Solicionale Copell Gamba 4 schu
    im pedall Copell 16 flöte 8 flöte 4

    Vor einen teitschen bon goux

22. Solo oder Recit hobois
    grand orgue Bourdon prestant nazard
    hoben flötet 4

    Vor ein bauer diendel

23. Solo flötten
    flöte travercier Copell
    im positife Solicionall Copell pedall 8

    Vor alte männer

24. Bas vox human
    im positife Solicionall Copell nazard flut 4 p pedall 8

    Vor gemeine männer

25. der discant vox human
    manuall vox human copell nazard prestant
    im positif gamba 4 Copell octave

    Vor kinder oder studenten

26. Cromorne Recit oder Solo
    Cromorne Bourdon
    manuall Copell principall

    Vor Liebhaber der orgel

27. Base Cromorne prestant
    manuall Bourdon montre prestant flut pedall

    Vor hr. Cor Regenten

28. Base hoboy
    hoboy prestant nazard
    im positif prestant flut gamb
    gamba auch mit Cornet Recit

Vor Räbleith

29. Bas tierce
    Bourdon 16 Bourdon 8 prestant nazard quart tierce
    im positife trompett prestant flutt
    pedal 16 et 8 pieds

Vor einen musicanten

30. quatior
    Copell 16 Copell 8 principall prestant im manuall
    im positife Cromorne Bourdon octave
    im Recitatif Clavier Cornet
    im pedall Copell 16 flut 8 gamba 8

Vor die hochgelöhrthe organisten
und musicanten

31. Echo   Vor les Ignorants

Diße gastereyen könten auch in der fasten gebraucht wärden ßo gar vor ein
Colets dan die orgelmacher seind nur wünd köch
    dieses seind nur die haubt Coupelierungen man can Bis etlich hundert
machen da mus der organiste der koch sein den acoraten pfeffer in die brüen
thun der orgelmacher ist was ein Zeithung schreiber wan nur das papier foll mir
wäre lieber wan die orgel foller pfeiffen wären ich habe zwar Gott Lob sonsten
hier nichts mör zu machen.

Karl Joseph Riepp (1768)

Vom Mensurieren

Das, lieber Nachkomme, ist das Wichtigste im Orgelbau, was ich Dir zu sagen habe. Wenn Du noch so viel von mir lernst, aber nicht die Regel vom notwendigen Unterschied der Mensuren, wirst Du ganz fehlerhaft arbeiten.

Es gibt 3 Hauptmensuren: als weiteste den Großbourdon, als mittlere das Prinzipal, als engste die Viola da Gamba. Auf diese drei lassen sich alle übrigen zurückführen. Für Großbourdon kann die weiteste Mensur gewählt werden. Er ist bei allen Orgeln ein Haupt- und Grundregister in 16' oder 8'-Tonhöhe, auch zum Gesang. Die Pfeifen werden bis zur Tonhöhe c^o gedackt, dann als Rohrflöte ausgeführt.

Das Prinzipal mit mittlerer Mensur ist die schöne Labialstimme, es ist leicht schneidend zum Gesang, wenn auch etwas laut. Die Viola da Gamba hat die engste Mensur aller Gesangregister. Sie zischt etwas, als ob sie eine den Ton anstoßende Zunge im Mund hätte. Sie ist leise und schneidend.

Aufzeichnungen des Orgel- und Musikwerkmachers Ignaz Bruder, 1829

Vom Löten

Die Kunst des Lötens ist nur mit vieler Übung erlernbar. Anfangs verbrennt man bald eine Pfeife, bald ist die Naht bucklig und ungleich oder undicht. Man lerne zunächst an Stücken von geringwertigem Metall oder Blei, das einen ziemlich heißen Kolben verträgt. Zinn ist wegen des leichteren Aufschmelzens viel schwieriger zu löten. Trotzdem pflegte Silbermann mit recht heißem Kolben und sehr flüssigem Lot zu arbeiten, es lötet sich besser bei schönem Wetter. Bei feuchter Witterung läuft das Metall an wie Fensterscheiben und läßt sich nicht gut löten…

Die fertigen Pfeifen werden mit Seifenwasser gewaschen und mit Leinenlappen innen und außen getrocknet. Es genügt auch reines Wasser, wenn man die Pfeifen einige Stunden darin liegen läßt und sie dann bürstet.

Aufzeichnungen des Orgel- und Musikwerkmachers Ignaz Bruder, 1829

WINDLADEN

Auf den Bau der Windladen ist besondere Sorgfalt zu verwenden. Denn wenn die nebeneinanderliegenden Kanzellen „durchstechen", wenn die Pfeifen beim Stimmen rechts und links mitheulen, möchte man die Lade am liebsten verbrennen. Ist sie absolut dicht, erreicht man mit Vergnügen eine reine, gute Stimmung...

Die Kanzellenfläche findest Du durch zusammenzählen aller Fußlöcher der auf der tiefsten Kanzelle stehenden Pfeife[n]. Du verwandelst die Löcher in Quadrate und setzt diese zu einem großen Quadrat zusammen. Nun fügst Du noch die Hälfte der Fläche hinzu. Ohne dieses würdest Du einen Bock machen und im vollen Werk Windmangel haben, also den größten Fehler begehen.

Zuviel Wind schadet nichts,
Darauf Dich nicht vergiß.
Recht groß die Bälge samt Kanal,
Diese Regel brauche überall.

Vom Balg bis an die Pfeifen hin,
Dort erst kannst den Wind abziehn.
Gib dann den Pfeifen nur, bis sie sprechen rein;
Das soll Deine beste Regel sein.

Aufzeichnungen des Orgel- und Musikwerkmachers Ignaz Bruder, 1829

3 Orgel in St. Walburga, Nürnberg-Eibach

Ein Orgelbauer gibt Rechenschaft

Warum ist eine Orgel so teuer? So wird mancher Kirchenbesucher fragen. Dazu ein paar Zahlen, um unsere Arbeit zu veranschaulichen. Wir haben 5.800 Stunden an dieser Orgel gearbeitet. In der Orgel sind ca. 5 cbm Kiefernholz, 8 cbm Eichenholz, 3,5 cbm Mahagoni und noch kleinere Mengen Edelhölzer wie Kirschbaum, Ebenholz und Zebrano eingebaut. Wenn man eine Orgel beschaut, so sieht man von vorn nur die sogenannten Prospektpfeifen [Gesicht]. Diese sind aber nur ein Bruchteil aller Pfeifen in der Orgel. Wir haben in dieser Orgel 2.002 Pfeifen aus Holz und Metall, die alle klingen. Die Metallpfeifen sind aus einer Zinn-Blei-Legierung von 30%-70%. Das Gewicht aller Metallpfeifen erreicht mit 950 kg fast eine Tonne. 500 Meter ganz feine Holzleisten (Abstrakten) verbinden die Tasten mit den Spielventilen. Ein Ventilator mit einer Leistung von 14 cbm Luft in der Minute sorgt dafür, daß auch bei stärkstem Spiel der Orgel nicht der Wind ausgeht. Der vom Ventilator erzeugte Wind wird erst in einem Blasebalg gespeichert, beruhigt und reguliert, bevor er in Kanälen zu den Windladen, der Steuerzentrale der Pfeifen, geführt wird.

Was fühlt ein Orgelbauer, wenn eine Orgel fertig ist? Freude und Wehmut.
Freude, weil man mit Gottes Hilfe ein Werk geschaffen hat, das Generationen halten kann, wenn nicht Menschen es zerstören.
Freude, weil – trotz hektischer Zeit mit Elektronik und Video – eine Kirchengemeinde bereit war, für ein Instrument zu opfern, um damit ihr Gotteshaus zu schmücken.
Und Freude über die Mitarbeiter, die ihr Bestes gaben, um eine gute Orgel zu erstellen.
Wehmut, weil das geliebte Kind, welches uns von der Auftragserteilung bis zur Fertigstellung drei Jahre lang beschäftigt hat, nun aus dem Hause ist.
Freude wünschen wir Ihnen, der ganzen Eibacher Gemeinde, an diesem Instrument, welches Ihr Gotteslob begleiten und verschönern soll.

Der Orgelbauer Georg Jann, Allkofen, zur Einweihung der Orgel in St. Walburga,
Nürnberg-Eibach, am 20. Juni 1982

DER NÜRNBERGER MEISTERSÄNGER HANS ROSENBLÜT
AUF DEN ORGELVIRTUOSEN CONRAD PAUMANN 1447

Daß er ein Meister ob allen Meistern ist...
Wollt' einen Meister der Kunst man krönen,
Er trüg dann wohl eine goldne Kron':
Mit Kontratenor und Fauxbourdon (Sextakkord),
Mit primitonus tenoriert er (kontrapunktiert er)
Auf a und e so synkopiert er,
Mit Resonanzen inacutis (unerhörten Klängen).
Ein traurig Herz wird freien Mutes,
Wenn er aus der Oktave diskantiert
Und Quint und Grundton resoniert.

Hermann Unger: Lebendige Musik in zwei Jahrtausenden

HERMANN FINCKH ÜBER DIE ORGANISTEN

Wenn sie niemals eine Probe ihrer Kunst ablegen müssen, so nehmen sie ihre Zuflucht zu dem Kunstgriffe, leeren Lärm ohne irgend etwas Angenehmes zu verursachen. Damit sie aber den Ohren der ungelehrten Zuhörer schmeicheln und wegen ihrer Fertigkeit Bewunderung erregen, so laufen sie bisweilen eine halbe Stunde lang mit den Fingern über die Tasten herauf und herunter und hoffen, auf diese Weise mit Gottes Hilfe das Größte zu erreichen. Es kommt aber nur etwas sehr Dürftiges zutage: eine lächerliche Maus statt eines Berges. Denn nachdem sie eine ziemliche Zeit einstimmig auf den Tasten mit großer Geschwindigikeit umhergeirrt sind, beginnen sie eine zweistimmige Fuge.

Hermann Unger: Lebendige Musik in zwei Jahrtausenden

4 Grabmahl für Conrad Paumann († 1473) in der Frauenkirche München

Luther schreibt an einen Organisten

Wittenberg, 7. Oktober 1534

Gnade und Friede in Christo! Ehrbarer, angenehmer, lieber Freund! Es hat mir Euer lieber Bruder angezeigt, wie Ihr sollt sehr bekümmert sein und Anfechtung der Schwermut leidet. Was ich nun mit ihm besprochen habe, wird er Euch wohl anzeigen. Aber, lieber Matthias, folget hierin nicht Euren Gedanken, sondern höret, was Euch andere Leute sagen! Denn Gott hat es befohlen, daß ein Mensch den anderen trösten soll und will auch, daß der Betrübte solle vertrauen solchem Trost, wie seiner eigenen Stimme. Denn also spricht er durch Sankt Paulus: „Tröstet die Kleinmütigen"; und Jesaja 40: „Tröstet, tröstet mein Volk und sprecht ihm freundlich zu"; und anderswo: „Es ist mein Wille nicht, daß ein Mensch traurig sei, sondern fröhlich sollt ihr mir dienen und kein Opfer in Traurigkeit opfern", wie das alles Moses und die Propheten oft und viel predigen. Darum er auch geboten hat, daß wir nicht sollen sorgen, sondern die Sorge ihm befehlen, weil er für uns sorgen will, wie Sankt Petrus lehrt aus dem 55. Psalm (1. Petrus 5,7).

Weil denn Gott will, daß einer den anderen trösten und ein jeder den Trost glauben soll, so laßt Eure Gedanken fahren und wisset, daß Euch der Teufel damit plagt und sind nicht Eure Gedanken, sondern des leidigen Teufels Eingaben, der nicht leiden kann, daß wir einen fröhlichen Gedanken haben.

So höret nun, was wir in Gottes Namen zu Euch sagen, nämlich, daß Ihr sollet fröhlich sein in Christo, weil er Euer gnädiger Herr und Erlöser ist, den laßt für Euch sorgen; wie er denn gewißlich für Euch sorget, obgleich Ihr noch nicht habt, was Ihr gerne hättet. Er lebet noch; und versehet Euch des Besten zu ihm; das gefällt ihm, wie die Schrift sagt, als das beste Opfer. Denn kein lieblicheres, angenehmeres Oper gibt es, als ein fröhliches Herz, das sich im Herrn freut.

Darum, wenn Ihr traurig seid, und es will überhand nehmen, so sprecht: Auf! – ich muß unserem Herrn Christo ein Lied schlagen auf der Orgel – es sei Te Deum laudamus oder Benedictus etc. – denn die Schrift lehret mich, er höre gern fröhlichen Gesang und Saitenspiel. Und greift frisch in die Tasten und singet drein, bis die Gedanken vergehen, wie David und Elias taten. Kommet der Teufel wieder und gibt Euch eine Sorge oder traurige Gedanken ein, so wehret Euch frisch und sprecht: Aus, Teufel, ich muß jetzt meinem Herrn Christo singen und spielen.

Also müßt Ihr Euch wahrlich wider ihn setzen lernen, und nicht gestatten, wie sehr Gedanken er Euch mache. Denn wo Ihr einen einlasset und zuhöret, so treibet er wohl zehn Gedanken hintennach, bis er Euch übermanne. Darum nichts besser, denn flugs ihm sofort auf die Schnauze geschlagen. Und wie jener Ehemann (es) täte, wenn seine Ehefrau anfinge zu nagen und zu beißen, nähme er die Spielpfeife unter dem Gürtel herfür und pfeife getrost, da wird sie zuletzt so müde, daß sie ihn zufrieden ließe, also greift Ihr auch in die Orgel, oder nehmet gute Gesellen und singet dawider, bis Ihr lernet den Teufel zu verspotten.

Denn wenn Ihr könntet glauben, daß solche (schwermütigen) Gedanken des Teufels wären, so hättet Ihr schon gewonnen. Aber weil Ihr noch schwach im Glauben seid, so hört auf uns, die wir's durch Gottes Gnade wissen, und haltet Euch an unserem Stab, bis Ihr selbst lernet gehen. Und wenn Euch gute Leute trösten, mein lieber Matthias, so lernet ja vertrauen, daß Gott solches zu Euch sagt; folget und zweifelt nicht, es sei Gottes Wort gewißlich, der Euch, seinem Gebot nach, durch Menschen tröstet.

Und derselbige Herr, der mich's hat geheißen, und ich (es) aus Gehorsam Gottes tun muß, gebe Euch das alles zu glauben und spreche das alles in Euer Herz, Amen. Wittenberg Mittwoch nach Francisci, Anno 1534.
D. M. Luther, manu propria

An Martin Weller, Hofmusicus und Organist

Johann Matthias Gesner,
Rektor der Thomasschule Leipzig,
über Johann Sebastian Bach

Dies alles würdest du für geringfügig halten, wenn du von den Toten erstehen und Bach sehen könntest, wie er mit beiden Händen und allen Fingern das Clavier spielt oder die Orgel, wie er von hier aus mit beiden Händen, von dort aus mit hurtigen Füßen über die Tasten eilt und allein eine Mehrheit von ganz verschiedenen, aber doch zueinander passenden Tonreihen hervorbringt. Wenn du diesen, sage ich, sähest, wie er, während er vollbringt, was mehrere eurer (antiken) Zitherspieler und tausend Flötenbläser vereint nicht zustandebrächten, nicht etwa nur eine Melodie singt, sondern auf alle zugleich achtet und von dreißig oder gar vierzig Musikern, den einen durch einen Wink, den andern durch Treten des Takts, den dritten mit drohendem Finger in Ordnung hält, jenem in hoher, diesem in tiefer, dem dritten in mittlerer Lage seinen Ton angibt, und daß er ganz allein, im lautesten Getön der Zusammenwirkenden, obgleich er von allen die schwierigste Aufgabe hat, doch sofort bemerkt, wenn und wo etwas nicht stimmt und alle zusammenhält und überall vorbeugt, und wenn es irgendwo schwankt, die Sicherheit wieder herstellt, wie der Rhythmus ihm in allen Gliedern sitzt, wie er die Harmonien mit scharfem Ohre erfaßt und alle Stimmen mit dem geringen Umfange seiner eigenen Stimme allein hervorbringt. Ich bin sonst ein großer Verehrer des Altertumes, aber ich glaube, daß mein Freund Bach, und wer ihm etwa ähnlich sein sollte, viele Männer wie Orpheus und zwanzig Sänger wie Arion in sich schließt.

Hermann Unger: Lebendige Musik in zwei Jahrtausenden

GOTTFRIED SILBERMANN

hof- und landorgelbauer im generalbaßzeitalter.
meißnischer daedalo.
geboren zu Kleinbobritzsch, erdnah und himmelweit,
zu füßen Frauensteins als wäldner.
kein bild, kein grab blieb nach.
ein menschenalter stur und still
am flußlauf der Bobritzsch, der Mulde orgeln gepflanzt.
Sächsisch-Sibirien verakkordiert.
der rauhen köhlerlandschaft
blies er seinen atem ein.
sorgsam gesetzt jeder registerknopf und jede pulpete.
zinnblätter ausgehämmert.
den baß gekröpft und akkurat gelötet.
mensuren berechnet, windfragen geklärt,
nicht gewohnt, zu sparen das seinige und seinen fleiß.
mit haarzirkel, zinnschere und fausthobel,
mit schrägmaß, stimmdistel und windprobe hantiert
werk- und wundertätig an werken für die dauer.
nie stand die arbeit still.
sich keiner mühe überhoben,
die letzte silberne posaune angeblasen,
gestimmt und intoniert.
gestorben an bleigicht, erdnah und himmelweit.
ein meister aus Sachsen, still und stur.
vollkommner Silbermann,
kein bild, kein grab blieb nach.
eine orgellandschaft gestiftet.

Wulf Kirsten: ensemble 6

Die Legende um den Geheimhebel
in Joseph Gablers Orgel zu Weingarten

Diese Legende wird erstmals 1922 bei Franz Bärnwick schriftlich greifbar. Der Volksmund erzählt, Gabler habe sich – längere Zeit nach Fertigstellung der Orgel – eines Tages die Schlüssel zur Orgel erbeten, um eine Kleinigkeit nachzusehen. Er sei ins Innere des Instrumentes gestiegen, habe einen einzigen Griff getan, und die Orgel habe hierauf nicht mehr schön geklungen, sondern lediglich leise gewimmert und gestöhnt. Abt und Konvent hätten sich voll Sorge versammelt, und Gabler habe sofortige Abhilfe versprochen, falls ihm sein noch immer ausstehendes Guthaben endlich eingehändigt werde. Hierauf habe das Kloster bezahlt, und mit einem Griff habe Gabler die Orgel wieder in alter Schönheit erklingen lassen.

Bei dieser Legende sind wohl zwei verschiedene Wahrheitskerne verschmolzen. Zum einen der Streit Gablers mit dem Kloster um die Schlußrechnung, genauer um die zu leistende Kaution von 3000 fl. Zum andern liegt eine technische Vorrichtung zugrunde, welche üblicherweise mit „Sperrventil" bezeichnet wird, freilich mit dem Unterschied, daß die normalen Sperrventile mit entsprechend beschrifteten Registerzügen am Spieltisch verbunden sind, während es sich hier um ein geheimes Sperrventil im Innern der Orgel gehandelt hatte. Nebenbei bemerkt: Der vorsorgliche Einbau eines derartigen geheimen Sperrventils wirft wohl auch ein Licht auf die Beziehung zwischen Gabler und Kloster.

Existierte dieser Geheimhebel, dieses Sperrventil wirklich? Bärnwick berichtet hierzu folgendes: „Um das Jahr 1905 war die Orgel eines Tages aus unerklärlichem Grund nicht mehr spielbar. Sie gab besonders beim Zuzug mehrerer Register nur noch wimmernde Töne. Zwei Tage lang wurde vergeblich nach der Ursache geforscht. Am 3. Tag entdeckte man einen Geheimhebel – Ein Zug an ihm und die Orgel war wieder spielbar. Orgelbaumeister Gotthold Weigle suchte bei der Renovation im Jahre 1912 nach dieser Vorrichtung und fand sie, an einer unzugänglichen Stelle. Mit dem Hebelgriff konnte eine Scheidewand quer zwischen den Windkanal geschoben werden. Im Laufe der Zeit war die Vorrichtung in Vergessenheit gekommen. Leider wurde der Hebel, in Verkennung der Verantwortung solchen historischen Dingen gegenüber, entfernt."

Bei der Restaurierung [1981] konnten wir keinerlei Spuren mehr feststellen, weder vom Geheimhebel noch vom Schieber. Die ganze Kanalanlage war ja bis auf wenige Reste erneuert worden. Bei der Geschichte Bärnwicks macht die Tatsache etwas stutzig, daß ein Orgelfachmann drei Tage brauchte, um die bewußte Stelle zu finden. Dies zeigt aber erst recht die wahre Hinterhältigkeit Gablers. Bei einem normalen Sperrventil könnte man nämlich durch Anbohren des Kanals sehr rasch feststellen, bis wo der Wind durchgeht und wo nicht mehr. Aber nach dem Beschrieb Bärnwicks war die Absperrung nicht vollständig: Ein Register war noch leidlich zu spielen, nur beim Ziehen mehrerer Register fiel der Klang zu einem kläglichen Wimmern zusammen. Dies heißt, daß ein Loch im Geheimschieber absichtlich soviel Wind durchließ, daß auch jenseits der Sperre normaler Winddruck herrschte, nur der Nachschub bei [höherem] Windverbrauch zum Spielen war ungenügend. So war es schon denkbar, daß man lange vergeblich nach der Ursache suchen mußte.

Ich darf verraten, daß wir anläßlich der Restaurierung wieder eine derartige Einrichtung samt Geheimhebel eingebaut haben. Der Ort ist und bleibt natürlich geheim. Die Gabler-Tradition wurde in diesem Punkte also liebevoll weitergepflegt [vielleicht aus gutem Grund gegenüber dem Staat als nunmehr Baupflichtigem].

Friedrich Jakob: Die große Orgel der Basilika zu Weingarten

Halber Wind und Backsteine zum Erntedank

Die gleiche Wirkung, wie sie Meister Gabler mit seiner List erreichte, rief in den 70er Jahren – natürlich unbeabsichtigt – eine Nonne mit ihrem äußerst ausgeprägten Ordnungssinn hervor. In der Balgkammer der Sanatoriumskapelle hatten die ehrwürdigen Schwestern diskret ihre Schmuckgeräte und Blumenvasen deponiert. Als nun der Erntedankaltar hergerichtet wurde, bediente man

5 *In drei Trauben geformtes, freihängendes Pedalglockenspiel der Orgel in Weingarten*

sich in jenem Magazin und gewahrte auf dem kleinen Orgelblasebalg mehrere in Packpapier eingewickelte Backsteine. In der Annahme, es handle sich um vergessenes Baumaterial wurden die vermeintlich deplazierten Objekte schleunigst entfernt; sie könnten ja dem Orgelwerk schaden. Als ich dann zum Gottesdienst präludieren wollte, war den Pfeifen nur ein diffuses Heulen zu entlocken – es fehlte am Winddruck, und man befürchtete eine teure Orgelreparatur. Die braven Ordensfrauen konnten indes ja nicht ahnen, daß das „Baumaterial" vom Orgelbauer absichtlich als Gewichte auf dem Balg plaziert worden war. Der eilends herbeigerufene Monteur hinterließ nach Behebung des Mangels außer einem suffisanten Lächeln eine stattliche Rechnung – schließlich war es nicht einfach, in einem kurz zuvor fertiggestellten und daher tadellos aufgeräumten Kurgebiet ein paar passende Backsteine aufzutreiben.

Markus Zimmermann

Die Legende um die Vox humana

Diese Legende ist insofern die bedeutendste [um die Weingartener Orgel], als sie gar den Vorwurf [Stoff] zu einem „Mysterienspiel" in vier Aufzügen bot.

Die Menschenstimme, die Vox humana, mittels eines Orgelregisters nachzuahmen, war beleibe keine neue Idee Gablers. Etwa seit dem Ende des 16. Jahrhunderts versuchten die Orgelmacher auf mannigfache Weise, dies zu erreichen. […]

Gabler baute seine Vox humana, in der üblichen 8'-Lage, im Brustpositiv ein. […] Bei nüchterner Betrachtung gilt immer noch das Urteil Jakob Adlungs aus dem Jahre 1768: „Nichts ist schöner als die Stimme des Menschen, nichts ist aber auch schwerer nachzuahmen , als eben dieselbe. Deswegen hat man zwar vielerley Inventionen [Erfindungen]; aber keine hat vollkommen geleistet, was sie leisten sollen, und es wird doch allemal ein großer Unterschied bleiben unter dem Klange einer solchen Pfeife und der natürlichen Stimme eines Menschen."

Nun, die Legende erzählt folgendes: „Gabler arbeitete jahrelang an der Lösung des Problems; trotz aller Auswahl der Holzarten und Metallmischungen kam er nicht zum gewünschten Resultat. Da flüsterte ihm der Böse bei Nacht ins Ohr, daß er ihm helfe, sofern er ihm seine Seele verschreibe. In einer stürmischen Nacht machte sich Gabler heimlich aus dem Kloster und wanderte dem Lauratal zu. Am Laurastein hatte er sich um die zwölfte Stunde der Mitternacht einzufinden. Und Siehe! Mit dem ersten Glockenschlag der Hosanna erschien der Leibhaftige, als Jäger verkleidet. Gabler verschrieb mit Blut dem Teufel seine Seele und bekam dafür ein Stück Metall, das er zum Pfeifenguß verwerten sollte. – Das teuflische Metall wird in die Pfeifen gegossen und herrrlich erklang die Vox humana, wie die menschliche Stimme. Aber, o weh! Anstatt heiliger Melodien sang sie von der Lust der Welt, so daß viele Mönche ihre stille Klause verließen und sich in die Weltfreuden stürzten. Der Abt läßt voll Bestürzung Gabler vor sich führen, und er gesteht die ‚schwarze Tat'. Gabler wurde der Prozeß gemacht, und er sollte mütsamt dem unheimlichen Register im Klosterhof verbrannt werden. Zuvor aber sollte er wenigstens annähernd Ersatz schaffen. Das gelang dem Meister nun so gut, daß ihm der Abt gnädig das Leben schenkte." – Übrigens: Nach einer anderen Legende sollen an den heutigen Vox-humana-Pfeifen noch immer einige Blutstropfen Gablers aus diesem Teufelspakt sichtbar sein.

Soweit der Inhalt des Mysterienspiels „Vox humana", verfaßt von Karl Weinberger, erschienen 1930 im Verlag Konrad Baier, München/Weingarten.

Friedrich Jakob: Die große Orgel der Basilika Weingarten

DIE LEGENDE UM DIE KONTRABASSPFEIFE

Die mächtigen, zehn Meter hohen 32'-Pfeifen des [Weingartener] Prospektes regten ebenfalls zum Fabulieren an. Bei der folgenden Legende verquickt sich offenbar die Ehrfurcht vor der Größe dieser Pfeifen mit der vagen Kenntnis über die von Gabler eingebauten Vogelstimmenregister Cuculus und Rossignol.

Es soll einst ein verwegener Mann durch die größte Pfeife geklettert sein. Ob dieser Entweihung gab die Pfeife keinen Ton mehr von sich, und in der Folge baute ein Vogel sein Nest oben in die stumme Pfeife. An einem Heiligblutfest

6 Vogelperspektive auf den Spieltisch der Orgel in Weingarten

erdröhnte die Pfeife plötzlich wieder, und die jungen Vögelein flogen zum Himmel, ihnen nach das ganze Vogelnest. Von diesem Augenblick an verstummten dafür die Register Cuculus und Rossignol. – Zum Glück reicht diese Handlung nicht für einen Vierakter aus ...

Friedrich Jakob: Die große Orgel der Basilika Weingarten

Heimgeorgelt mit Finalkadenzen

Der Tonkunst war meine Seele (vielleicht der väterlichen ähnlich) überall aufgetan, und sie hatte für sie hundert Argus-Ohren. Wenn der Schulmeister die Kirchgänger mit Finalkadenzen heimorgelte; so lachte und hüpfte mein ganzes kleines gehobnes Wesen wie in einen Frühling hinein...

Jean Paul: Selberlebensbeschreibung

„Es merkt es niemand"

Manchmal auch, am Sonntag, durfte der kleine Buddenbrook dem Gottesdienst in der Marienkirche droben an der Orgel beiwohnen, und das war etwas anderes, als unten mit den anderen Leuten im Schiff zu sitzen. Hoch über der Gemeinde, hoch noch über Pastor Pringsheim auf seiner Kanzel saßen die beiden inmitten des Brausens der gewaltigen Klangmassen, die sie gemeinsam entfesselten und beherrschten, denn mit glückseligem Eifer und Stolz durfte Hanno seinem Lehrer manchmal beim Handhaben der Register behilflich sein. Wenn aber das Nachspiel zum Chorgesang zu Ende war, wenn Herr Pfühl langsam alle Finger von den Tasten gelöst hatte und nur den Grund- und Baßton noch leise und feierlich hatte verhallen lassen – wenn dann nach einer stimmungsvollen Kunstpause unter dem Schalldeckel der Kanzel Pastor Pringsheims modulierende Stimme hervorzudringen began, so geschah es gar nicht selten, daß Herr Pfühl ganz einfach sich über die Predigt zu moquieren, über Pastor Pringsheims stilisiertes Fränkisch, seine langen, dunklen oder scharf akzentuierten Vokale, seine Seufzer und den jähen Wechsel zwischen Finsternis und Verklärung auf seinem Angesicht zu lachen anfing. Dann lachte auch Hanno, leise und tief belustigt, denn ohne sich anzusehen und ohne es sich zu sagen, waren die beiden dort oben der Ansicht, daß diese Predigt ein ziemlich albernes Geschwätz und der eigentliche Gottesdienst vielmehr das sei, was der Pastor und seine Gemeinde wohl nur für die Beigabe zur Erhöhung der Andacht hielten: nämlich die Musik.

Ja, das geringe Verständnis, das er unten im Schiff, unter diesen Senatoren, Konsuln und Bürgern und ihren Familien, für seine Leistungen vorhanden wußte, war Herrn Pfühls beständige Kümmernis, und eben darum hatte er gern seinen kleinen Schüler bei sich, den er wenigstens leise darauf aufmerksam machen konnte, daß das, was er soeben gespielt, etwas außerordentlich Schwieriges gewesen sei. Er erging sich in den sonderbarsten technischen Unternehmungen. Er hatte eine „rückgängige Imitation" angefertigt, eine Melodie komponiert, welche vorwärts und rückwärts gelesen gleich war, und hierauf eine ganze „krebsgängig" zu spielende Fuge gegründet. Als er fertig war, legte er mit trübem Gesichtsausdruck die Hände in den Schoß. „Es merkt es niemand", sagte er mit hoffnungslosem Kopfschütteln. Und dann flüsterte er, während Pastor Pringsheim predigte: „Das war eine krebsgängige Imitation, Johann. Du weißt noch nicht, was das ist ... es ist die Nachahmung eines Themas von hinten nach vorn, von der letzten Note zur ersten ... etwas ziemlich Schwieriges. Später wirst du erfahren, was die Nachahmung im strengen Satze bedeutet ... Mit dem Krebsgang werde ich dich niemals quälen, dich nicht dazu zwingen ... Man braucht ihn nicht zu können. Aber glaub nie denen, die dergleichen als Spielerei ohne musikalischen Wert bezeichnen. Du findest den Krebsgang bei den großen Komponisten aller Zeiten. Nur die Lauen und Mittelmäßigen verwerfen solche Übungen aus Hochmut. *Demut* ziemt sich, das merke dir, Johann."

Thomas Mann: Buddenbrooks

7 Große Orgel zu St. Marien in Lübeck

Hochzeit mit Posaune

Es ist kurz vor einer Trauung in der Dreifaltigkeitskirche. Da taucht wieder einmal – bei mir den Eindruck eines aus dem Finstern des Treppenhauses emportauchenden Gespenstes erweckend – ein vom Brautpaar bestellter, also von vornherein suspekter Musikus auf. Sein Spezialfach ist auf den ersten Blick zu erkennen. Ich sag mir: „Du trägst ein schwarzes Kunstlederbehältnis mit einseitiger Ausbuchtung zur Aufnahme des Schallbechers mit dir herum – also bist du eine Posaunist." (Ein seltener Fall innerhalb der Spezies *Hochzeitsmusik*.)

Durch schmerzliche Ave-Maria- und Largo-von-Händel-Erfahrungen gewitzigt, vergewissere ich mich nach der obligaten Begrüßungszeremonie, ob der Posaunenengel Stücke geistlichen Charakters in Bereitschaft habe, die sich in den religiösen Rahmen einer Trauung einfügen ließen.

„Da können Sie bei mir völlig beruhigt sein", lautet die Auskunft, „ich blase bei Hochzeiten ausschließlich kirchliche Musik, zum Beispiel: nach der Wandlung die Arie des Sarastro: „O Isis und Osiris".

Ich muß diesen Vorschlag anscheinend mit einer Miene quittiert haben, die eine nicht gerade hundertprozentige Zustimmung verriet. Denn mein Herr Solist beeilt sich, meine etwaigen letzten Bedenken durch die Erklärung zu beseitigen: „Und nach dem Ringwechsel spiele ich auf besonderen Wunsch des Brautpaares aus dem 2. Akt der Zauberflöte: ,In diesen heiligen Hallen kennt man die Rache nicht.'"

Da sage noch einer, das habe mit einer Hochzeit nichts zu tun!

Sollte sich obiger Hochzeitsspruch bewahrheiten, dann braucht keiner der beiden Insassen dieser rachelosen Halle zu befürchten, jemals mit einem Holzscheid oder Bratpfandl beworfen zu werden.

Heinrich Wismeyer: Geschichten um die Orgel

Es gibt eben doch Prophezeihungen

Wieder einmal Ortstermin auf der Orgelbühne, kurz vor Einzug des Brautpaares. Eine Sopranistin, von der die Anverwandten behaupteten, sie habe vor 30 Jahren schon *so* schön gesungen, keucht die steile Treppe hinauf. Es wird wohl wieder ein neuer Fall von *Ave Maria* werden, wahrscheinlich das berühmte von „Kuno Bach" in irgendeiner entlegenen, für die Sängerin bequemen Transposition, sinniere ich am Orgelspieltisch. Weit gefehlt – diesmal! Die Dame packte ein nicht näher bezeichnetes Album aus, schlug allen Ernstes eine Arie mit dem Text *O dies irarum maxime* auf und bestand darauf, exakt dieses Werk dem Brautpaar mit auf den neuen Weg zu geben: *O Tag des höchsten Zornes*! Meine Bedenken wurden mit dem Hinweis beiseite gewischt, es könne „von denen da unten niemand Latein".

Das erwies sich leider als Fehleinschätzung. Denn nach getaner Arbeit sprach mich ein Apotheker, der zur Hochzeitsgemeinde gehörte, auf die merkwürdige Textwahl an; wir vereinbarten Stillschweigen gegenüber den übrigen Gästen, in der Hoffnung, daß wenigstens sie ohne philologische Kenntnisse sein mögen.

Über Jahr und Tag war jedoch der an jenem Tag geschlossene Ehebund geschieden worden. Als ich kurz darauf wieder einmal besagten Apotheker traf, meinte der nur: „Es gibt eben doch Prophezeihungen!"

Markus Zimmermann

Das schönste Lob

In der Zeit, als nach dem 2. Weltkrieg der Liebfrauendom langsam wieder hergestellt wurde, hatte sich das Musizieren auf der großen Empore als unmöglich erwiesen. Die Bretterverschalung vor dem glaslosen Rückfenster war derart undicht, daß der Wind durch die Fugen pfiff. Ein verspäteter Schneesturm hatte die weißen Flocken in solchen Mengen hereingetrieben, daß die Orchestermusiker vor Beginn des Osterhochamts den Schnee von den Notenpulten wischen mußten ...

Man beschloß daher, einen ruhigeren, wettergeschützten Platz für den Domchor zu suchen. Und so wurde eine Zeitlang in einer Seitenkapelle an der Nordseite des Domes, wenngleich in einiger Enge, aber doch ohne atmosphärische Störungen musiziert. Dort fand auch die kleine Notorgel mit ihren fünf Registern Aufstellung. Ein Seil wurde gespannt, um den Musikraum wenigstens symbolisch vom Kirchenschiff abzusondern. In diesem äußeren nachkriegsmäßigen Rahmen hatten wir an einem Festtag die *Missa brevis* in D von Mozart mit zwei Geigen und Baß zum Hochamt erklingen lassen. Das Deo gratias zum Entlassungsruf war verklungen. Während Sänger und Musikanten den abgesperrten Raum verließen, erfaßte mich die Lust, noch den Schlußsatz eines Händelkonzerts auf meinem Örgelein zu spielen. Seine sprudelnde Heiterkeit schien mir so recht zur Mozartmesse zu passen.

Der Dom war fast menschenleer – wie immer beim Postludium der Orgel. Da schlüpfte ein kleiner Bub unter dem Absperrseil hindurch und stellte sich interessiert neben die Orgel, um mir bei meinem Spiel zuzuschauen. Mit einigen Finessen ist es mir gelungen, die Tutti- und Solostellen in Händels Allegro-Satz auf der kleinen Orgel einigermaßen gegeneinander abzuheben.

Am Ende angelangt, klappte ich den Notenband zu und wandte mich zur Seite, um den Orgelmotor auszuschalten. Da schaut mich der Bub groß an und fragt – so halbtraurig, treuherzig, wie es nur ein Kind fertigbringt: „Hörst jetzt scho' auf?"

Wenn später ein namhafter Kritiker mein Orgelspiel in hohen Tönen gerühmt hätte: Diese Anerkennung zu meinem Spiel aus Kindermund konnte durch nichts mehr übertroffen werden. So ist mir im Verlauf meines langen Organistenlebens ein einziger Mensch begegnet, für dessen Begriffe ich *zu kurz* gespielt habe. Dieser einzige war – ein Kind.

Heinrich Wismeyer: Geschichten um die Orgel

Die Orgel, die keine Furcht kannte

Da hob oben die Orgel an, welche allein keine Furcht kannte und ihren heiligen Mut wunderbar an die Sänger verteilte. Vielleicht übertrieben diese in ihrem Herzen den Mut, denn inbrünstig und wie ein Sturm brach Gesang los, trieb die Furcht wie ein Gewölk vor sich her und zerteilte sie, wie draußen ein aufstehender Nordwind die Föhnschwaden zerteilte und das innige Blau des Himmels verheißungsvoll über die Erde hielt.

Christine Lavant: Die Verschüttete (Nachlaß)

„Des Teufels Sackpfeifen"

Der Schritt vom Guten zum Bösen, vom Vorteil zum Nachteil einer Sache ist klein, denn es ist in der Regel nicht die Sache selbst, welche gut oder schlecht ist, sondern der gute oder schlechte Gebrauch, den der Mensch von der Sache macht. Und bei des Menschen Unbeständigkeit mag es dann rasch zu einem Wechsel kommen. Weshalb sollte die Orgel da eine Ausnahme machen? Haben wir im ersten Teil die adelnden Ausdrücke für die Orgel durchgegangen, so seien nun die tadelnden vorgeführt. Daß beide nahe zusammengehören, bemerkte schon Arnold Schlick, denn „wo unser Hergot Kirchweyhung helt, richt der Teuffell sein Schragen darneben uff". Selbst Goethe bringt ein herrliches Bild einer Orgel, an welcher Gott und Teufel gleichzeitig tätig sind. In einem Gespräch mit Sulpiz Boisserée, dem Initianten für den Weiterbau und die Vollendung des Kölner Domes, äußerte er sich am 8. September 1815:

> Die Natur ist so, dass die Dreieinigkeit sie nicht besser machen könnte. Es ist eine Orgel, auf der unser Herrgott spielt, und der Teufel tritt die Bälge dazu.

Im allgemeinen neigt man zur Ansicht, Begriffe wie „des Teufels Sackpfeifen" entstammten der Reformationszeit. Ich habe an anderer Stelle nachgewiesen, daß dies nicht genau zutrifft. Wohl fand in der Reformationszeit auch ein Streit um die Orgel statt, und bei den Schweizer Reformatoren Zwingli und Calvin wurde die Orgel – im Gegensatz zu Luther – aus dem Gottesdienst verbannt, aber man disputierte dabei schlicht um die „Orgelen". Die verächtlichen, ja bösartigen Ausdrücke für unser Instrument tauchen erst in der vergifteten Atmosphäre der Gegenreformation auf, also in der 2. Hälfte des 16. Jahrhunderts und im 17. Jahrhundert.

Dies bedeutet indessen nicht, der Teufel sei vorher nicht mit der Orgel in Zusammenhang gebracht worden. Den Kirchenvätern war die Orgel höchst verdächtig, und es dauerte bis in die zweite Hälfte des 9. Jahrhunderts, bis sie im christlichen Gottesdienst überhaupt Fuß fassen konnte. Auch in späteren Jahrhunderten hatte die Orgel stets wieder um ihr Verbleiben in der Kirche zu kämpfen.

Ein hübsches Beispiel für vorreformatorisches „Orgelspiel des Teufels" findet sich in den Fresken der Kirche von Härnevi in Schweden, welche von Meister „Albertus Pictor" stammen und ins Ende des 14. Jahrhunderts datiert werden. Oben ist der Kindermord Herodes' in Bethlehem dargestellt, und unten wird diese gräßliche Szene durch ein orgelspielendes Schwein begleitet. Das Schwein oder die Sau ist ein bekanntes Sinnbild für den Teufel. Diese Gleichsetzung gründet sich auf Matthäus 8,30-32 im Bericht über die Heilung zweier Besessener:

> Es war aber fern von ihnen eine Herde von vielen Schweinen zur Weide. Da baten ihn die Dämonen: *Wenn du uns austreibst, so schicke uns in die Schweineherde.* Und er sprach zu Ihnen: *Fahret hin!* Sie aber fuhren aus und fuhren in die Schweine. Und siehe, die ganze Herde stürzte sich den Abhang hinunter in den See und kam im Wasser um.

Die Zeitgenossen der Reformation haben, wie schon erwähnt, die Orgel keineswegs mit Schimpfnamen bedacht. Sie bedienten sich der neutralen Bezeichnung „Orgelen". So berichtet etwa der Zürcher Heinrich Bullinger in seiner Reformationsgeschichte:

8 Kindermordszene des Herodes; begleitet vom Orgelspiel des Teufels, symbolisiert durch eine Sau

> Die Orgelen in den Kylchen sind nitt ein besonders allts Werck, in-
> sonders in disen Landen. Diewyl sy dann ouch nitt wol stimmend
> mitt der apostolischen Leer 1. Corinther 14, ward [in] Zürych die
> Orgelen in dem Großen Münster, des 9. decembris in disem 1527.
> jar, abgebrochen. Dann man fürohin weder des Gesangs noch
> Orgelens in der Kylchen wolt.

Ähnlich verhält es sich bei allen zeitgenössischen Quellen. Die Orgel wird wohl
abgelehnt und aus der Kirche entfernt, aber nicht tituliert. Diese vergleichsweise
„Milde" im Urteil verliert sich nach der Jahrhundertmitte und macht Gehässig-
keiten Platz. Im schweizerischen Schrifttum eröffnet, soweit ich sehe, Christian
Wurstisen (1544-1588) in seiner nach 1580 verfaßten Basler Chronik den Reigen der Unflätigkeiten. Im ausführlichen Bericht über die Wiedereinführung des
Orgelspieles im Basler Münster im Jahre 1561 schrieb er:

> Summa: der Oberkeit ward von gedachtem S. Sulcero eingebildet,
> es were zu thun, dass man die Orglen wiederumb zurichten unnd
> solte schlagen lassen, das junge Volck in der Kirchen zu behalten.
> Erhielts also, dass man es erstlich nach den Mittag predigen für die
> Hand name, bald nach der Abentpredig, letstlich auch am Mor-
> gen. Dergestalt ist dise unerbawliche Bapstleir in ein wolreformierte
> Kirchen eingeschlichen.

Die Orgel wird also zunächst *unerbauliche Papstleier* genannt. Papst und Teufel,
katholischer Ritus und Götzendienst waren aber damals für die Reformierten
weitgehend identische Dinge. So ist denn der Weg von Papstleier zu *Papstes
Sackpfeifen, Götzenpfeifen, Teufelstrompeten* und *Teifels Sackpfeifen* sehr kurz. Alle
diese Ausdrücke tauchen als Synonyma im selben Pamphlet auf: im Protest-
schreiben der Schaffhauser Predikanten an den Stadtrat gegen die Wiederher-
richtung der dortigen Münsterorgel im Jahre 1597. Dieses Dokument ist zu
köstlich, um nicht im vollen Wortlaut zu folgen.

> Edle, fromme, ehrenveste, hoch- und wolgelehrte, fürsichtige, er-
> same und wolweise, gnädige liebe Herren Burgermeister und Raht.

Es kommt uns Predicanten für, daß, ohn unser Wüssen, von Euch unsern Gnädigen Herren, dem Herren Pfleger im Closter soll ein Rahts-Zedel zukommen seyn, daß er soll die alte Orgel im Münster wider zurichten und erneweren lassen; nimmt uns groß wunder, uß was Recht und Anstifften solliches fürgebracht und erkennt worden. Darumb wir billich bewegt, Ewen Weisheit zu erinneren und underthenigklich christlicher Wolmeinung von disem Werck abzumahnnen.

Denn erstlich diser Handel unser lieben Eltern und frommen Vorfahren, im geistlichen und weltlichen Regiment, an ihren Ehren und Würden in ihrer Ruhe unter dem Boden nicht ein geringer Abbruch und schlechte Ehr seyn wird wegen ihrer hochlöblichen christenlichen Reformation: Als welche uß gottseligen Ursachen in unsern Kirchen alle falsche Lehr, sampt allen Götzendiensten, insonderheit die abgöttische Meß, Bilder, Altär, sampt dem Gebrauch der Orgeln, als des Teufels Trommeten und Lockvögel zum römischen antichristlichen Gottesdienst, vor 68 Jahren rein ußgemustert und abgeschafft haben. Darumb, wer des Teufels Sackpfeiffen wieder in die Kirchen einführen will und läßt sich nit am göttlichen Wort, Sacramenten und der gläubigen Gesang vernügen, der verunehret unserer frommen Vorfahren christliche Reformation: weliches kein recht gottseliger Mensch gut heißen kann.

Fürs ander: Wer die Orgeln zu S. Johann und in dem Münster, deren jene gar abgethan, dise an ihrem Krös und Eingeweid gantz verderbt, und nur der todter Cörper noch da klebet, wider erneweren will ohn alle Noth, der bringt die Kirchen in unnöthigen großen Kosten, den man billich an die Armen verwenden, oder zu vil nothwendigeren Sachen sparen solle: thut hiemit wider die Liebe des Nechsten.

Fürs dritte: Wer die Götzenpfeiffen haben will, der muß auch eine gute Pfrund für den Sackpfeiffer und Organisten dazu haben, weliche gewohnlich mit Weib und Kindern volle und tolle Zapffen sind, und nit bald zu Tantz hoffiren, sie habind denn vollen Hals und Kragen. Das ist aber dann ein fein evangelisch und christenliches Wesen, besonders zu dieser letsten, unruhewigen jammerlichen erbärmlichen Zeit, darinnen der Sackpfeiffer meisterlosen Buben, Weiberen und Kinderen ihren Mutwillen spielen und pfeiffen muuß.

Fürs vierdte: Was werdend einfeltige Leüt und unsere Nachbaren umb uns her gedencken, wann man des Bapsts Sackpfeiffen wider anrichtet, die unsere frommen Vorfahren löblich abgethan haben? Ja, was werdend die phariseischen Laurer und Lösler, Jesuiten, Capuciner, Mönchen und Nonnen und Pfaffen anders darvon sagen, als wir hebind fein gemächlich an, wieder zu dem Bapstumb und dem Götzendienst des Teufels zu tretten? Darüber der Herr und alle Predicanten schreyen werden: *Wehe dem Menschen, durch welchen Ergernus kommt. Es wer ihm nützer etc.*

Diese hochwichtigen Ursachen sollend Euch, unsere Gnädigen Herren, billich dahin bewegen, daß man, wie gesagt nit allein des Teuffels Sackpfeiffen müssig gange, sondern auch die Orgel im Münster, wie die zu S.Johann, dem offen Vulcani zu schicke, will man anerist Gott folgen und ihme mit Wahrheit von Hertzen dienen. Gott gebe was andere Phariseer und halbe Pabsts esel glossierind und klüglind. Darzu Gott helffe. Datum den 26. Julii anno 1597.

Ewer unserer Gnedigen Herren underthenige
Predicanten, Kirchen- und Schuldiener sampt und sonders.

Dieses Schreiben hatte übrigens den gewünschten Erfolg. Die noch vorhandenen Reste der vorreformatorischen Münsterorgel wurden vernichtet und nicht wiederhergestellt. Nebst der Verteufelung widerfährt der Orgel noch ein ganz besonderes „Lob", nämlich sie sei ein *Lockvogel zum römischen antichristlichen Gottesdienst*. Die Angst hiervor war eine der maßgeblichen Triebfedern für das Andauern des Orgelverbotes im 17. Jahrhundert in der reformierten Schweiz. So schrieb etwa Antistes Breitinger in Zürich im Jahre 1641 an den Rat,

> dass man angefangen by unseren Nachburen selzam discurrieren, wie dass die Sachen zu Zürich uff guten Wägen, und die Orgelen widerumb yngeführt werdind.

Mit den Nachbarn meinte er die katholischen Innerschweizer, und die „Sachen" war die von jenen erhoffte Rekatholisierung Zürichs. Auch hier war die Geistlichkeit erfolgreich.

Das Fehlen der Orgeln und die Begründung hierfür fiel ausländischen Reisenden immer wieder auf. So berichtete etwa C. C. L. Hirschfeld in seinen 1769 in Leipzig erschienenen „Briefen über die vornehmsten Merkwürdigkeiten der Schweiz":

> Im ganzen Zürcher Gebiete hat man sogar keine Orgeln, weil man sie als Überbleibsel des Pastthums ansiehet, die bei einem Gottesdienste im Geiste unnöthig wären ...

> Ein Theil der Geistlichkeit beklaget sich, dass man in Entfernung des Sinnlichen im äussern Gottesdienste zu weit gegangen sei und wünschet, einige gute Kirchengebräuche wieder eingeführt zu sehen.

Es dauerte freilich noch lange, bis die Orgel wieder Eingang in den reformierten Zürcher Gottesdienst finden konnte. Erst im Jahre 1882 forderte der Kirchenrat in einem „Mahnwort" auf: „Größere Kirchen sollten, wenn es irgend möglich ist, eine Orgel anschaffen; sie ist das Instrument der Kirche." So wandelten sich auch in Zürich „des Teufels Sackpfeifen" letzten Endes wieder zur „Königin der

Instrumente", ein Beispiel dafür, wie wandelbar unsere Anschauungen im Laufe der Zeiten sind. Daß das Böse nicht in der Orgel liegt, sondern im Menschen selbst, hat schon Luther deutlich erkannt. Er schrieb:

> Dass der Satan solche Missbräucher, ungerathene Kinder und Wechselbälge wider die Natur treibe, damit auch die edle Musica (wie das Wort Gottes) in Verachtung kommen möge und Gott dem Herrn die Ehre und das Lob, so ihm durch der Musik Klang bereitet wird, genommen werde, nichts destoweniger hat auch der Satan noch immer seine Instrumente (böse Leute), womit er, wenn etwa dem Herrn der Herschararen zu Ehren ein Orgelwerck soll gebauet werden, das Werck des Herrn zurücktreibe, oder da sie es nicht weiter bringen können, jedoch aufs schimpflichste davon reden, wie solches die Erfahrung genungsam darthut und die meisten Orgelmacher es bezeugen können.

Friedrich Jakob

3

GOTTESLOB AUS MENSCHENMUND

HIERONYMUS
ÜBER DIE CHRISTLICHEN BAUERN BEI BETHLEHEM

Der Landmann singt hinter dem Pflug sein Alleluja. Und Schnitter und Winzer versüßen sich mit Psalmengesang die Arbeit. Diese Gesänge ersetzen in dieser Gegend die Liebeslieder.

Hermann Unger: Lebendige Musik in zwei Jahrtausenden

DER HEILIGE CHRYSOSTOMUS ÜBER DEN PSALMENGESANG

David war nunmehr durch seine Psalmen in Städten, an den Höfen, in den Klöstern, Wüsteneien und Einöden heimisch. Der Psalmengesang hat die Erde in den Himmel und die Menschen in Engel verwandt, weil er für alle Stände und Alter paßte.

Hermann Unger: Lebendige Musik in zwei Jahrtausenden

Ambrosius von Mailand:
Lob der Psalmen

Den Psalm stimmen Kaiser an, ihn jubeln die Völker. Der Wetteifer der einzelnen beim Singen kommt allen zugute. Der Psalm wird zu Hause gesungen, wird auf offenem Platz vernommen, mühelos erfaßt, willig bewahrt, er verknüpft die Uneinigen, eint die Zwieträchtigen, versöhnt die Beleidigten. Denn wer möchte wohl dem nicht vergeben, mit dem er gemeinsam die Stimme zu Gott erhob?

Ambrosius: Psalmenerklärungen, Einleitung

Der Gregorianische Choral

Antike Überlieferungen leben weiter in den frühen kirchlichen Gesängen, in den Psalmen und Hymnen und in dem Ambrosius zugeschriebenen Lobgesang. Wie in einem breiten Strombett fließen die melodischen Schätze des Orients und der griechischen Welt in der Liturgie der römischen Kirche zusammen. Um 600 sammelt und ordnet Papst Gregor der Große die vorhandenen Gesänge zu einem Antiphonar, in dem Melodien für das ganze Kirchenjahr und für alle Teile der Messe enthalten sind. Seither spricht man vom Gregorianischen Choral.

Das ganze Mittelalter hindurch ertönen die feierlichen Weisen aus den Domen und Kirchen. Die musikalische Sprache des Chorals ist die Sprache der ganzen Christenheit. Von Italien bis hinauf nach Schottland reicht ihr Ausbreitungsgebiet. Ihre Heimstätte aber ist Rom, wo Papst Gregor die *Schola cantorum* begründete, deren Tradition noch heute in der Sixtinischen Kapelle weiterlebt.

Erst die Renaissance beschneidet die blühende Fülle, kürzt üppige Melismen [melodische Verzierungen], vereinfacht die Melodie und sucht den Choral dem modernen Geschmack anzupassen. Denn inzwischen haben sich aus dem Kirchengesang neue musikalische Formen entwickelt: Neben die bis dahin weitgehend praktizierte Einstimmigkeit des alten Chorals tritt nun verstärkt die kunst-

9 Neumenhandschrift, um 1350

volle Mehrstimmigkeit der Madrigale und Motetten. Sie wird an der Schwelle zur Neuzeit zum herrschenden musikalischen Ausdrucksprinzip und leitet eine neue Epoche der Musik ein. Der Choral aber, immer neuen willkürlichen Reformen unterworfen, sinkt allmählich von seiner ursprünglichen Höhe herab. Die Aufklärung bekämpft ihn als Überbleibsel des „finsteren Mittelalters". Erst mit der Romantik und dem damit verbundenen Interesse für das Mittelalter setzt dann eine Gegenbewegung ein. Nun erforscht man sorgfältig die alten Aufzeichnungen und erschließt in jahrzehntelanger mühsamer Arbeit die genaue Überlieferung. Das Ergebnis ist die klassische Textausgabe, nach der bis ins Ende des 20. Jahrhunderts überall in der katholischen Kirche Choral gesungen wird: die *Editio Vaticana*. Ausgehend von den Vorstellungen des Caecilianismus, nämlich eine möglichst runde, gleichmäßig fließende a capella-Klangwelt zu schaffen, werden in ihr die Choralmelodien in gleichmäßigen Bewegungsabläufen notiert. Erst die jüngere Choralforschung tendiert zu Realisationen in stärker ausgeprägten Rhythmen und Bewegungen.

Hans Maier: Die Welt des Chorals

Der Choral als liturgische Musik

Es gibt nur eine liturgische Musik: den Gregorianischen Gesang. Nur er hat zugleich die Reinheit, Freude und Leichtigkeit, die für den Aufbruch der Seele zur Wahrheit nötig sind. Leider ist der Gregorianische Gesang wenig bekannt – sieht man von ein paar Mönchen in den Klöstern, ein paar großen Theoretikern wie Mocquereau und den wenigen Fachmusikern ab, die ihn noch verstehen. Er ist wenig bekannt vor allem, weil er schlecht gesungen wird. Das größte Unrecht, das ihm unsere unmittelbaren Vorfahren angetan haben, war, daß sie ihm Harmonien unterlegten. Als er geschrieben wurde, kümmerte man sich noch nicht um Akkordfolgen und Tonkomplexe, nicht einmal um einfache Instrumentalbegleitung. Man muß ihn also ohne jegliche Begleitung singen. Man muß ihn zudem mit allen Stimmen singen: Männer-, Frauen-, Kinderstimmen. Schließlich muß man ihn in Kenntnis und unter Beachtung der Neumen singen.

In den Handbüchern der „Musikgeschichte" spricht man oft von bestimmten Gregorianischen Tonarten – und es ist richtig, daß eine jede dieser Tonarten eine ihr eigene Poesie und Farbe hat. Dies ist aber nur Rohstoff. Das Wunderbare am Gregorianischen Gesang liegt in den „Neumen" (eigentlich: „Winke").

Die Neumen sind melodische Formen, analog dem, was in der Harmonielehre als Ornamentik, Appoggiatur und Übergangsnoten bekannt ist, doch in einem viel weiteren Umfange. Man findet sie auch im Vogelgesang wieder: die Gartengrasmücke, die Mönchsgrasmücke, die Wacholderdrossel, die Feldlerche, das Rotkehlchen bringen Neumen hervor. Das Bewundernswerte an der Neume ist die rhythmische Schmiegsamkeit, die sie erzeugt. Diese rhythmische Schmiegsamkeit, die uns aus der Anaklase der jonischen Verse [griechisches Versmaß], aus dem *Candrakâlâ* und seiner zusätzlichen Punktierung (de *decitâlas* Indiens) bekannt ist und die Chopin in seinem Rubato wiederzugewinnen suchte, drückt sich hier auf verschiedene Weise aus: durch das Mischen von Doppel- und Dreiertönen, durch Gruppierungen verschiedener Längen, durch die verdoppelten und harten Werte des Pressus, die verdoppelten und weichen Werte des Oriscus, den fröhlichen Klang der Distropha und Tristropha, durch die außerordentliche Dehnung, die dem Quilisma vorangeht. Dies alles ergibt äußerst feine Variationen von Rhythmus und Tempo.

Das Unsichtbare nähert sich auf leichten Füßen, die die Pflanzen nicht berühren und die Blumen nicht knicken – wie die des Auferstandenen auf den Bildern des Fra Angelico.

Fügen wir hinzu, daß diese Feinheit des Gregorianischen Gesangs sich nur in der Geschwindigkeit und Freude kundtun kann. Sänge man den Gregorianischen Choral mit der Beschwingtheit und Schnelligkeit, die er erfordert, dann würde man ihn so gern mögen, daß man ihn nicht mehr missen könnte.

Eine letzte Schwierigkeit liegt am Lateinischen. Der Gregorianische Gesang ist auf herrliche lateinische Texte aufgebaut: Er läßt sich unmöglich davon trennen! Mir scheint nicht, daß die Verfechter der Landessprache darüber betrübt sein müßten. Man kann sehr wohl das Eucharistische Hochgebet in der Muttersprache sprechen, ohne daß man auf einige wunderschöne Stücke Gregorianischen Gesangs verzichten müßte, die ja nur ein oder zwei Minuten, manchmal nur eine halbe Minute dauern. Wann werden wir wieder die Freude haben, die herrlichen Tristropha des Offertoriums der Epiphanie „Reges Tharsis" zu hören oder die Salicus und Torculus des Alleluja von Ostern „Pascha nostrum" oder die besonders schöne Sequenz des Fronleichnamsfestes „Lauda Sion"?

Olivier Messiaen: Was ist Musik?

Choral ist wieder „in"

Choral ist wieder „in";
vom Lateinischen ist in der Kirche
indes nur Adveniat und Miserior geblieben.

Arthur Piechler

Reine Melodie

Was ist nun das Besondere am Choral? Zunächst die Einstimmigkeit. Die Antike kannte noch keine akkordische oder mehrstimmige Musik in unserem Sinn. So ist es auch mit dem Choral: Die Stimmen schweben auf und nieder im Raum, aber nirgends fügt sich zur Melodie eine Gegenstimme, nirgends tritt eine harmonische Stütze hinzu. Wenn wir Musik hören, hören wir sie fast immer als eine Folge von Harmonien, und selbst unseren ältesten Liedern, wie etwa dem „In dulci jubilo", liegt schon eine Harmonie als unbewußte Bauform zugrunde. Der Choral aber ist reine Melodie, so wie die Glasfenster der Gotik reine Farbe sind, frei schwingend, gelöst und grenzenlos.

Etwas anderes hängt damit eng zusammen: Der Choral ordnet sich nicht ein in ein strenges Taktgefüge; seine Gliederung folgt dem natürlichen Verlauf der Melodie. Aus einem Wechsel von betonten und unbetonten Noten entsteht ein freier Rhythmus, der aber unserem modernen Rhythmus nicht zu vergleichen ist, sondern eher an die Bewegung der Wellen oder auch an das Wogen eines Kornfeldes erinnert.

Und endlich: Die Tonarten des Chorals sind nicht jene, die uns vertraut sind. Der Choral baut auf den Kirchentonarten auf. Daher die eigentümliche Fremdheit, die unser Ohr zuerst überwinden muß, wenn wir mit alter Musik in Berührung kommen. Einige Kirchentonarten kennen wir vielleicht aus Kirchenliedern: das herbe Dorisch aus: „O Heiland reiß die Himmel auf", das lichte Mixolydisch aus „Gelobet seist Du, Jesus Christ". Es gibt im Choral zwölf solcher Tonarten. Eigentümlich ist ihnen allen, daß sie sich fast nur in Ganztönen (diatonisch) fortbewegen. Ein Thema wie das berühmte B-a-c-h wäre also im Choral unmöglich. Gerade der diatonische Charakter trägt aber zu der geheimnisvollen Stimmung bei, die uns beim Hören dieser kirchlichen Gesänge umfängt.

Hans Maier: Die Welt des Chorals

Die Messe

Suchen wir [...] den Zugang zur abendländischen Musik, so liegt nichts näher, als dies an Hand der Messe zu tun. An sie knüpft eine bis heute ununterbrochene Reihe von Vertonungen an, die demselben Text dienen. Wir stoßen aber nicht nur auf den Zusammenhang mit der Sprache im engeren Sinn. Wir werden genötigt, die Musik im allgemeinen Historisch-Geistig-Menschlichen verwurzelt zu sehen. Wir berühren die Frage nach dem Verhältnis von Idee und Musik, von Geschehen und Musik. Denn die Sprache der Messe ist Trägerin einer Idee, eines Geschehens. Bei dieser Fragestellung ist unser Ziel nicht so sehr die Musik als Selbstzweck, sondern die Sprache, die Idee, das Geschehen als Erklingendes.

Erst wenn wir diese Umkehrung der Betrachtungsweise vollziehen, wenn wir uns die Unterordnung der Musik unter das allgemein Geistige kraß vergegenwärtigen, ihr aber gleichzeitig die Autonomie des musikalischen Satzes, das Eigenständige des musikalischen Sinnträgers gegenüberstellen, können wir die Spannweite zwischen diesen zwei Eckpfeilern der musikalischen Wirklichkeit ermessen; erst dies versetzt uns in die Lage, das Phänomen der Musik als Werden der abendländischen Musik möglichst umfassend zu begreifen.

Thrasyboulos Georgiades: Musik und Sprache

Süden und Norden in der Kirchenmusik

Auf südlichem Boden entstand im ersten Jahrtausend der einstimmige gregorianische Choral. Er war mit der Sprache und somit der Liturgie eng verknüpft. Auf nördlichem, germanischem Boden ging man in der karolingischen Zeit von einer selbständigen Zusammenklangsmusik aus, die unabhängig von der liturgischen Sprache existierte. Durch die Berührung mit dem Christentum, d. h. mit dem christlichen Wort, entdeckte man die Eigenbedeutung der Musik, die Sinnhaftigkeit der musikalischen Klänge. Man machte die Erfahrung, daß sie die Sprache durchsetzen konnten. Der Prozeß der ‚Musikalisierung' der Sprache und der ‚Versprachlichung' der Musik begann. Das erste Ergebnis war – von der Sprache her gesehen – ein negatives: Die Sprache wurde von der Musik erobert, sie wurde durch die Musik aufgelöst: Jede Silbe hatte man mit einem Zusammenklang beschwert. Das Satzganze war in einzelne Silben auseinandergebrochen. Damit war aber auch etwas Positives verbunden: Man erfaßte die einzelne Silbe als Element, und zwar sowohl musikalisch als auch sprachlich. Es galt nun, die Silben neu aneinanderzufügen und den Sprachzusammenhang aus der Musik neu zu schaffen. Dieser Prozeß vollzog sich in mehreren Stadien, fand aber erst nach sieben Jahrhunderten stetigen Werdens auf südlichem Boden seinen Abschluß in der Musik Palestrinas. Durch die italienische Geisteshaltung wurde die musikalisch-tektonische Bauweise des Nordens in den Dienst der Sprache als Struktur, als natürlich sinngebende Sprachgestalt gestellt ...
Palestrina ist aber nicht nur ein Abschluß. Er ist, wie erwähnt, zugleich ein Anfang geworden. Mit ihm trat die Musik in ein neues Stadium ein. Der Geist hat die musikalische Materie völlig durchtränkt, hat den einzelnen Ton erfaßt. Die Musik konnte der Spiegel der Sprache werden, konnte den Menschen als spre-

chendes Wesenn verwirklichen. Die Synthese von Ornament (oder Konstruktion) und Menschendarstellung war zustandegekommen. So beginnt mit Palestrina eine neue Ära in der Geschichte der Musik: Musik als Menschendarstellung.

Thrasyboulos Georgiades: Musik und Sprache

Sansovino:
Der Laudengesang in Florenz (1546)

Es gibt hier in Florenz einige Handwerkerschulen. Diese kommen jeden Sonnabend nach 9 in der Kirche zusammen und singen hier vierstimmig fünf oder sechs Lauden oder Balladen in der Komposition von Lorenzo di Medici usw., indem bei jeder Lauda die Sänger wechseln. Am Schlusse wird unter Orgelspiel und Gesang ein Madonnenbild enthüllt, und das Fest ist beendet. Diese Leute heißen Laudesen und haben einen Vorstand, Kapitän der Laudesen genannt.

Hermann Unger: Lebendige Musik in zwei Jahrtausenden

Die Bruderschaft des heiligen Filippo Neri

Man las ein geistlichess Buch, wobei der Heilige die Lektüre unterbrach, das Gelesene erklärte oder jemand nach seiner Meinung darüber fragte, und so wurden im Verlaufe eine Menge geistlicher Dinge durch Frage und Antwort erläutert. Auf seinen Zuruf bestieg einer einen Stuhl, um über das Leben irgendeines Heiligen zu sprechen. Dies taten drei Personen, jedoch nicht länger als eine halbe Stunde. Am Schlusse wurden geistliche Lauden angestimmt. Das geschah an Wochentagen, und von da an datiert der Ursprung des Oratoriums.

Hermann Unger: Lebendige Musik in zwei Jahrtausenden

Maugars:
Das lateinische Oratorium in Rom (1639)

Diese bewunderungswürdige und hinreißende Musik wird nur an den Feierta-
gen der Fastenzeit von 3-6 Uhr gemacht. Die Kirche ist nicht ganz so groß wie
die Sainte-Chapelle in Paris, am Ende derselben ist ein geräumiger Singechor
mit einer mittleren, sehr sanften, angenehmen Orgel für die Singstimmen. An
den Seiten der Kirche befinden sich zwei weitere kleine Tribünen für die ganz
vortrefflichen Instrumentalisten. Die Sänger begannen mit einem Psalm nach
Motettenart, worauf alle Instrumente eine prächtige Sinfonie spielten. Darauf
trugen die Sänger eine Geschichte aus dem Alten Testament vor nach Art einer
geistlichen Komödie wie die von Susanna, von Judith und Holofernes, von David und Goliath. Jeder Sänger stellte eine Person der Geschichte vor und hob
mit Nachdruck die Worte hervor. Darauf sprach einer der berühmtesten Prediger die Ermahnung (exhortatio), nach deren Beendigung die Musik das Evangelium des Tages rezitierte, wie die Geschichte von der Samariterin, dem kananäi-
schen Weibe, von Lazarus, der Magdalena und dem Leiden unseres Herrn. Die
Sänger ahmten die verschiedenen Personen, die der Evangelist bezeichnete, vortrefflich nach.

Hermann Unger: Lebendige Musik in zwei Jahrtausenden

Venezianische Mehrchörigkeit
bei Heinrich Schütz

Müssen die Cori Favoriti von den Capellen wol unterschieden werden. Cori Favoriti werden von mir die jenigen Chor und Stimmen genennet, welche der Capellmeister an meisten favorisiren und auffs beste und lieblichste anstellen soll,
da hingegen die Capellen zum starcken Gethön und zur Pracht eingeführet werden. Derowegen dann der Organist diese terminos, wie sie im Basso continuo

zu finden, in acht nemen und die Orgel mit guter discretion bald still, bald starck registeriren wolle.

In disposition und Anordnung der Capellen so zwey Chöricht / kan man in acht nemen / daß die Chor creutzweiß gestellet werden / vnd daß Capella 1 dem andern Coro Favorito, und hingegen Capella 2 dem ersten etc. am nechsten sey / so werden die Capellen den gewünschten effect erreichen. [...]

Die Capellen, so mit hohen Stimmen gesetzet, seynd meistentheils auff Zincken und andere Instrument gerichtet. Jedoch wenn man auch Sänger dabey haben kan, ist so viel desto besser / vnd auff diesem fall mag man auß dem tieffen Baß stimmen mit dem F auff der fünfften Lini, welche für den großen Violon, Quartposaun, Fagott bequemet sind, andere Bässe mit rechten Ambitu vor die Bassisten / und mit dem F auff die vierdte Lini abschreiben. [...]

Weil ich auch gegenwertige meine Psalmen in stylo recitativo, (welcher biß Dato in Teutschland fast unbekandt) gestellet / wie sich dann zu composition der Psalmen / meines erachtens fast keine bessere art schicket / dann daß man wegen menge der Wort ohne vielfältige repetitiones immer fort recitire, als gelanget an die jenigen / welche dieses modi kein wissenschafft haben / mein freundlich bitten / sie wollen in anstellung berührter meiner Psalmen sich im Tact ja nicht vbereylen / sondern der gestalt das mittel halten / damit die wort von den Sängern verständlich recitiret vnd vernommen werden mögen. Im widrigen fall wird eine sehr vnangeneme Harmoney vnd anders nicht als eine Battaglia di Mosche, oder Fliegenkrieg darauß entstehen / der intention deß Authoris zu wider. [...]

Heinrich Schütz, Psalmen Davids, Vorrede (1619)

GREGORIANISCHER UND ALTPROTESTANTISCHER CHORAL

Hierbei stoßen wir auch auf die musikgeschichtlichen Wurzeln des fundamentalen, die Entwicklung der Musik stark beeinflussenden Gegensatzes zwischen dem gregorianischen und dem altprotestantischen Choral. Während die gregorianische Choralkunst in dieser mehr harmoniefreien Melodik und labilen

Rhythmik die durch kirchliche Autorität der Tradition geheiligte musica-ecclesiastica-Haltung des Mittelalters bis in alle stilistischen Einzelheiten hinein festzuhalten versucht, so vermag demgegenüber der altprotestantische Choral mit seiner volkstümlichen dreiklangsmäßigen Melodik, seiner Harmoniebezogenheit, seiner mehr taktischen Akzentrhythmik niemals seine Herkunft aus der mittelalterlichen musica-vulgaris-Sphäre zu verleugnen. Daß auch – nebenbei gesagt – der gregorianische Choral in ähnlicher Weise ursprünglich einer volkstümlichen Musikübung entstammt, spielt für unseren Zusammenhang hier keine Rolle.

Aus dieser Säkularisierung und erneuerten Auffassung der Musik als Sprache, aus der neuartigen Bedeutung des erlebt gesungenen Wortes und der Textlegung, wie sie seit Ockeghem und in der Schule Josquins als Grundlage der Musica figuralis gelehrt wurde, erklärt sich die große und allgemeine Hochschätzung der altniederländischen Chorkunst durch die Reformatoren, und es wäre ein vergeblicher Versuch, abgesehen vom Choral, stilistische Unterschiede zwischen der Kirchenmusik beider Konfessionen im Zeitalter der Reformation finden zu wollen. Bis tief in die Barockzeit hinein besteht vielmehr für die Kantoreien beider Kirchen ein weitverzweigt gemeinsames Repertoire, wie es z. B. in dem *Manuale Laurentii Stiphelii Numburgensis Cantoris* (Jena 1612) zu finden ist; und noch um die Mitte des 17. Jahrhunderts sind in der Mutterkirche der Reformation zu Wittenberg Motetten von Josquin, Senfl, Gallus, Lasso und anderen „alten, vornehmen, andächtigen, gravitätischen autores" musiziert worden, ja die Leipziger Thomaner sangen sogar noch unter Bach aus der großen Sammlung altniederländischer Chormusik, die 1616 als *Florilegium Portense* erschienen war, und schafften noch 1729 an Stelle des völlig zersungenen ein neues Exemplar dieser Sammlung an.

Auch für die evanglische Kirchenmusik bildet demnach die wortverhaftete und auslegende figurale Acapella-Kunst die traditionelle Grundlage auch noch im Barockzeitalter, vornehmlich bei H. Schütz, die in immer stärkeren Widerstreit gegen den instrumentalen Grundzug ihres Zeitalters gerät und damit die eigentümliche barocke Hochspannung erzeugt zwischen stilus moteticus und stilus recitativus, zwischen Choral und Monodie, zwischen polyphonen und konzertierenden, zwischen vokalen und instrumentalen, zwischen objektiven und subjektiven Tendenzen.

Ist es für den priesterlichen Mysteriencharakter des katholischen Gottesdienstes bezeichnend, daß die Liturgie mit ihrem Vollzug der heiligen Handlung als „opus Dei" den Mittelpunkt des gottesdienstlichen Lebens ausmacht und der gregorianische Choral an ihrem objektiven Stil und sakramentalen Charakter teilnimmt, so zeigt demgegenüber der evangelische Gottesdienst ein ausgesprochen unliturgisches Gepräge, wobei der Choral sich nicht in seiner kultischen Aufgabe erschöpft, sondern ebenso der privaten und häuslichen Andacht, z. B. der altpietistischen Devotio domestica, dient und somit eingeflochten ist auch in außerkirchliches Leben und alltägliche Berufsarbeit. Schon die frühreformatorischen Gesangbücher hatten auf diese kirchenmusikalische Lebensverbundenheit ausdrücklich hingewiesen.

Um diesen Gegensatz in der Kirchenmusikauffassung beider Konfessionen zu erhellten, halte man einen der wuchtigen, auf mächtigen Chorpulten ruhenden, ganz fest in die liturgische Handlung eingeordneten, kunstvoll mit der Hand geschriebenen Folianten, aus denen der gregorianische Choral vor dem Altar, das sakrale Mysterium der Messe begleitend, von Priestern und Priesterchor einstimmig gesungen wird, gegen eines der zierlichen, handlichen, in Quart-, Oktav- und Duodezformat gedruckten Gesangbücher der altprotestantischen Kirche, die bequem in der Tasche zu tragen waren und ebenso von den Kantoren, Chorknaben und Mitgliedern der Kantorei wie nach Luthers Vorbild von den Hausgenossen zum ein- und mehrstimmigen Singen gebraucht wurden.

Trägt also der gregorianische Choral den Charakter eines objektiv-sakralen, mittelbar kultischen Gutes, so ist der evangelische Choral demgegenüber persönlich-unmittelbares Glaubensbekenntnis; denn das unvermittelt in Musik ausströmende, persönliche Glaubensleben, die persönlich-innerliche Gesamteinstellung ist dem evangelischen Kirchenmusiker wichtiger als alle kultische Bedeutung der Musik. In der Richtung dieser Unterschiede liegt nun auch die Verschiedenartigkeit in dem Gang der Geschichte der katholischen und der evangelischen Kirchenmusik im Zeitalter des Barock.

Hierzu kommt für den evangelischen Gottesdienst, der seinem Wesen nach Wort- und Predigtgottesdienst ist, eine ganz neue religiöse Bedeutsamkeit des Hörens und des daraus fließenden Glaubens. Der 4. Artikel der Apologie der *Augustana* nämlich lehrt: „Deus non potest apprehendi nisi per verbum. Ideo iustificatio fit per verbum … item fides est ex auditu"; – „so läßt sich Gott nicht erkennen, suchen noch fassen, denn allein im Wort und durchs Wort, wie Paulus sagt … zu den Römern am 10.: Der Glaub ist aus dem Gehör." Oder ähnlich in Luthers *Großem Katechismus*: „Aber Gottes Wort ist der Schatz, der alle Ding heilig macht. … Welche Stunde man nun Gottes Wort handelt, predigt, höret, lieset oder bedenket, so wird dadurch Person, Tag und Werk geheiligt, nicht des äußerlichen Werkes halber, sondern des Wortes halber, so uns alle zu Heiligen machet."

Nimmt man weiter hinzu die von Augustin übernommene reformatorische Unterscheidung des „foris audire" und „intus audire", des bloßen Vernehmens mit den Ohren und des Erfassens „aus dem Geiste", gleichsam mit den Ohren des Glaubens, so rückt damit das „intus audire", das Hören des im Glauben ergriffenen, als heilig erlebten Gotteswortes in den Mittelpunkt der evangelischen Kirchenmusik.

Willibald Gurlitt: Die Wandlungen des Klangideals der Orgel im Lichte der Musikgeschichte

Bachs H-Moll-Messe

Über die Entstehung der H-Moll-Messe weiß man wenig. Kyrie und Gloria widmete Bach 1733 seinem Landesherrn, dem sächsischen Kurfürsten August II. Die übrigen Sätze sind in den folgenden Jahren entstanden.

Der kurfürstliche Hof war katholisch. War also die H-Moll-Messe für den katholischen Gottesdienst geschrieben? Daß Bach seinem Landesherrn ein Werk anbietet, das sich dem katholisch-lateinischen Gottesdienst fügen kann, ist verständlich. Daraus aber kann man nicht schließen, daß das Werk als katholische liturgische Musik gedacht war; schon deswegen nicht, weil in jener Zeit

10 Blatt aus dem Stimmbuch „Newe Deutsche Geistliche Gesenge",
Wittenberg 1944, Georg Rhau

auch innerhalb der evangelischen Tradition noch lateinische Messesätze, besonders Kyrie und Gloria, verwendet wurden. Man hat aber mit Recht darauf hingewiesen, daß die H-Moll-Messe überhaupt nicht als liturgische Musik, weder als katholische, noch als evangelische, gedacht werden darf.

Die geistigen Wurzeln und der geistige Horizont dieses Werkes werden vielleicht sichtbarer, wenn man sich die damalige Situation in der Geschichte der Meßliturgie und im Wandel der Musiksprache vergegenwärtigt.

Wir haben früher [...] gesehen, daß das liturgische Werden der Messe mit dem endgültigen Einheits-Missale um 1570 seinen Abschluß erreichte. Dies verwandelte auch den Sinn der Messenvertonung: Die katholische Liturgie blieb seitdem stehen; die Musik wandelte sich weiter. Während sie aber bis dahin ein Stück Liturgiegeschichte bildete, wurde sie jetzt notwendigerweise isoliert, denn die Liturgie selbst, indem sie sich dem Wandel entzog, stieß die Musik von sich ab [...]. So gehört die Vertonung der Messe seit dem 17. Jahrhundert nicht mehr in die Geschichte der Liturgie, sondern in die Geschichte der Musik allein. Außerdem berührt die Geschichte der Liturgie von jetzt ab nicht mehr die Lebensmitte des Christlich-Geistigen. Die neu entstehende liturgische Musik sank daher allmählich zu zweitrangiger Bedeutung herab. Umgekehrt konnte ein Werk wie die H-Moll-Messe nur noch außerhalb des aktuellen liturgischen Rahmens liegen.

Aber auch der Wandel der Musiksprache führte eine wesentliche Änderung – man könnte sagen: eine geistige Umwälzung – herbei. Wir sahen, daß die Musik jetzt instrumentalisiert wurde. Dasselbe wird aber ausgedrückt, wenn man sagt, daß das Musikalisch-Geistliche verweltlicht wurde, indem es sich mit dem instrumentalen Spieltrieb vereinigte. Oder ist es vielleicht besser zu sagen: Das Allgemein-Geistige wurde mit dem Christlichen vereinigt. Es wurde vom Christlichen überflutet. Nicht eine gewisse musikalische Gattung, die sog. Kirchenmusik, ist jetzt der verantwortliche Träger des Christlichen, sondern die Musik schlechthin hat in sich das Christliche aufgenommen. So wie aus vokaler und instrumentaler Musik jetzt eine neue Einheit wurde, so ist auch aus den früheren Gattungen der Kirchenmusik und der weltlichen Musik eine einzige im Geist des Christlichen neu geborene Musik entstanden. Geist war im Mittelalter mehr in

Gestalt von verschiedenen Gattungen greifbar. Mit Bach aber bricht eine neue Zeit an, die das Merkmal des Geistigen immer mehr in seiner Einheit erblickt. Ein weiterer Schritt des Geistes zur Eroberung der gesamten Wirklichkeit ist getan. Eine weitere Verschmelzung des weltlichen Spieltriebs mit dem religiösen Ernst hat stattgefunden. Sie war keine Verwässerung, sondern eine Vertiefung.

Thrasyboulos Georgiades: Musik und Sprache

„SCHÖPFUNG" UND „JAHRESZEITEN"

Kaiser Franz Joseph fragte Joseph Haydn bei der Aufführung der „Jahreszeiten", welchem seiner Werke er selbst den Vorzug gebe, der „Schöpfung" oder den „Jahreszeiten". – „Der Schöpfung", entgegnete Haydn: „Und warum?" – „In der ,Schöpfung' reden die Engel und erzählen von Gott, aber in den ,Jahreszeiten' spricht nur der Simon."

Hermann Unger: Lebendige Musik in zwei Jahrtausenden

DAS KYRIE DER „MISSA SOLEMNIS"

Das Kyrie bildet die Eröffnung. Der erste Akkord bewirkt eine in der Musik vor Beethoven unbekannte Zusammenraffung. Während in Bachs h-Moll-Messe nur die vier einleitenden Takte die flehende Eröffnungsgebärde darstellen, erhält hier das Kyrie als Ganzes den Einleitungscharakter. Man findet nicht nur das Flehende der Gebärde. In diesem Kyrie ist das die Menschen Zusammenschweißende, das Sammelnde, das Weihende des Litaneirufs *Kyrie eleison* eingefangen. Als Litaneiruf war das Kyrie entstanden. [...] die Scharen, die aus sieben römischen Basiliken betend durch die Stadt zogen, rufend durch die Straßen Kyrie eleison, bis sie sich vor der Hauptkirche in einem einzigen Litaneibeten vereinigten. Es ist, als ob dieser denkwürdige Augenblick bei Beethoven wieder auflebte und gleichzeitig ins Allgemeingültige erhoben wäre.

Thrasyboulos Georgiades: Musik und Sprache

Verdis Te Deum

Überall hören wir den Tonfall seiner Heimat, und immer wieder sind wir ehrfürchtig erstaunt, in welche zeitlichen Formen er so gelassen zurückgreift, als wären sie alltägliche Gegenwart. Was ist sein *Ave Maria* anderes als eine fromme Erneuerung uralter kontrapunktischer Künste zu einem in gleichförmigen Pfundnoten einherschreitenden cantus firmus? Was ist die Mehrchörigkeit und die klanglichen Raum- und Echowirkungen im *Tedeum* anderes als ein Anknüpfen an Gabrieli? Und hat in demselben Werk das scheinbar anakoluthische Nebeneinanderstehen einzelner Teile und Phrasen nicht ebenfalls seine Vorbilder in längst vergangener Zeit?

Es wäre keine Kunst, solche Archaismen gelegentlich anzubringen. Das Große daran ist die Ungezwungenheit, mit der sie kommen und gehen, und die Reintönigkeit ihres Zusammenklingens mit den anderen, gegensätzlichen Stilelementen. Verdi bleibt, solange er atmet, der naive Dramatiker, der auch in der geistlichen Musik die explosiven Wirkungen nicht vermeidet. Sie sind von der korybantischen Religiosität mancher Barockmalereien, etwa der Kirchendecke von Ottobeuren, und ebensowenig theatralisch wie diese. Was nicht hindert, daß man sie mit einer gewissen Schulbubenfreude auch einmal von der anderen Seite her ansieht. Wenn man so im *Tedeum* das gehauchte Pianissimo des Choranfangs hört und im stillen weiß, die Zündschnur glimmt schon, und wenn dann wirklich der Volltreffer des unvermittelten Es-Dur-Fortissimos so ungeheuerlich einschlägt, die besseren Engel im Himmel schon ganz unangenehm berührt sind und nur die kleineren über den Spaß richtig lachen dürfen, so hat auch das eine belebende Wirkung, die einen aber keineswegs für den echt religiösen Ausdruck der Stelle unempfindlich macht. Denn das ist das Ergreifende an diesen letzten Werken, daß sie den ganzen Verdi mit allem, was er war, noch einmal in der Begnadung des hohen Alters zeigen, die nicht Schwächung, sondern letzte und feinstem Herausarbeitung der geistigen Wesenszüge ist.

Alexander Berrsche: Trösterin Musika

BRUCKNER: E-MOLL-MESSE

Diese Messe, deren fromme Traditionsgebundenheit noch den Stil des 16. Jahrhunderts als etwas ganz unhistorisch Gegenwärtiges empfindet, ist der Höhepunkt der Brucknerschen Kirchenmusik und mehr als das: das Meisterwerk Bruckners überhaupt. Sie ist in ihrer Vereinigung von Knappheit und Logik der Form, Prägnanz des Ausdrucks und Tiefe des Inhalts eines der unerhörtesten Wunder der Musik aller Zeiten. Welche Kühnheit, die gewichtigen Worte des Credos: „et vitam venturi saeculi" nur ein einzigesmal, ohne jede Wiederholung und so erklingen zu lassen, daß mit diesem einen kurzen und überwältigenden Einfall das Tor der Ewiigkeit aufgemacht wird! Und das ist nicht die einzige derartige Stelle. Die ganze Partitur ist voll von Wundern, die einen wahrhaft in Bestürzung versetzen, und deren Wesentliches kaum noch mitteilbar ist. Jeder Versuch, über diese Dinge zu reden, ist ein esoterisches Unterfangen und rührt an das alte, tiefste Geheimnis der Kunst als einer Offenbarung des Göttlichen.

Hofrat Max von Millenkovich, dessen Vortrag über Bruckners Sendung in der Mitte des Programmes stand, hat diese Zusammenhänge sehr wohl gefühlt, sie aber etwas in eine mild pantheistische Auffassung umgedeutet, als wenn er das Zartgefühl von Hörern, die eisern entschlossen sind, sich nach ihrem Tod verbrennen zu lassen, nicht durch die schlichte Feststellung hätte verletzen wollen, daß Bruckner ein einfacher und einfältiger Katholik gewesen ist.

„Non confundar in aeternam" heißt für Bruckner nicht: Ich werde im All aufgehen. Der Meister hat die Worte so verstanden und geglaubt, wie sie dastehen im alten ehrwürdigen Text des *Te Deum*. Im übrigen war der Vortrag, der nur von der Reprise zur Coda hin etwas in die Breite wuchs, für den gegebenen Zweck ganz vortrefflich, und wer sich in die Aufgabe hineinschickt, vor einem Konzertpublikum, das ja weder eine Gemeinschaft von Musikern noch ein Kongreß von Wissenschaftlern ist, über eine wesentliche künstlerische Frage verständlich, fesselnd und doch ohne Phrasen zu sprechen, wird zugeben müssen, daß Millenkovich Form und Ton gar nicht glücklicher hätte wählen können.

Alexander Berrsche: Trösterin Musika

Regers kirchenmusikalische Pläne

Wenn mir der liebe Herrgott das noch gibt, eine Messe zu schreiben. Ich will ihm eine Messe schreiben! Unzählige Keime sind heute in mir aufgesprungen. Das „Dona nobis pacem" lasse ich nicht vom Chor singen, eine Solostimme muß das „Gib mir Frieden" schluchzen, wie aus weiter Ferne mit leiser Orgelunterlage. Ein Tedeum will ich dem Herrgott singen, wie es ihm noch nicht gesungen worden ist.

Fritz Stein: Handschriftliche Aufzeichnungen am 23. 10.1910

Strawinsky: Messe

Was führte Strawinsky, den Komponisten von Balletten, von Instrumentalmusik, von weltlichen Textbüchern, zur Vertonung der Messe? – Der lateinische Text und seine feststehende Gestalt, die die Jahrhunderte überdauert. Beides vermittelt die Vorstellung des Allgemeingültigen, des weder national noch zeitlich Begrenzten. Strawinsky hatte aus diesem Grund schon in anderen Werken die lateinische Sprache gewählt. Der Charakter des Authentischen, der diese übernationale und überzeitliche Sprache auszeichnet, zieht ihn an. Denn seine Musik will das Innige, das Ich-Bezogene, das Individuelle abstreifen. Die Musiktradition des 19. Jahrhunderts ist aber mit den eben genannten Merkmalen und damit auch mit den lebendigen Nationalsprachen verbunden. Der Musik Strawinskys ist aber dieses ‚Lebendige' nicht gemäß. Seine Musik ist starr, will starr sein. Deswegen ist das Lateinische, diese wohl allgemeingültige, aber tote Sprache gut mit der Vorstellung musikalischer Aussage vereinbar, die Strawinsky vorschwebt. Diese Sprache reicht ihm die Hand in seinem Bestreben, sich von der Musiktradition des 19. Jahrhunderts zu befreien. Für einen Komponisten des 19. Jahrhunderts, der die Messe vertonte, lautete das Problem: Wie kann man das Ich-Bezogene, das Innige, Ungebundene jener Musik mit der unnahbaren Strenge der Messegestalt und dem kristallklaren, gemeißelten, harten Latein vereinbaren? Für Strawinsky hat sich diese Problemstellung in ihr Gegenteil verkehrt. Sie lautet: Wie kann man sich vor dem Ich-Bezogenen, Unverbindlichen der traditionsgebundenen Musik und Vertonung moderner Sprachen retten? Und so kommt er zur Vertonung lateinischer Texte und besonders der Messe. Er kommt zur Messevertonung nicht von der Liturgie her, sondern er kommt zur Liturgie von seiner Kompositionsvorstellung her. Nicht das Problem der Messe, das er mit seinen Kompositionsmitteln auf irgendeine Weise bewältigen muß, liegt vor, sondern das Problem des Komponierens, das er mit Hilfe des Messetextes lösen will. Sein Werk trägt daher den Stempel des Artistischen. Im Verlauf unserer Betrachtungen haben wir aber gesehen, daß man die Messe nicht immer so ansah, wie Strawinsky es tut. Das Starre, Dogmatische kam besonders im Mittelalter zur Geltung. So eignen der Messe Strawinskys gewisse Züge der Vertonungen jener Zeit.

Thrasyboulos Georgiades: Musik und Sprache

Zur Situation der Musik in der Kirche heute

Die Musik hat es im Laufe ihrer Geschichte und ihrer Entwicklung mit der Kirche nicht immer leicht gehabt und auch umgekehrt. Der biblische Auftrag war von Anfang an klar umrissen: Psalmen, Hymnen und geistliche Lieder, die Forderung nach dem Lob Gottes sowie nach dem „Neuen Lied", das gesungen werden soll. Der 150. Psalm als Schlußstein der ganzen Psalmensammlung signalisiert, daß sich der „Sinn der Welt im Lob Gottes erfüllt": „Alles, was Odem hat, lobe den Herrn."

Diesen Ruf haben die schöpferischen Kräfte des Abendlandes durch die Jahrhunderte hindurch bis in die Gegenwart gehört und ernstgenommen. Dafür stehen zahllose Meisterwerke verschiedenster Art – vom Gregorianischen Choral über die erste Blüte der Polyphonie zu Palestrina, Schütz, Bach, Händel, von der Wiener Klassik über die Romantik bis zu den Meistern des 20. Jahrhunderts ...

Wagen wir den Sprung in die Gegenwart. Im kleinen Konzilskompendium von Karl Rahner und Herbert Vorgrimler ist folgendes zu lesen: „Echte Kunst, wie sie in der Kirchenmusik vorliegt, ist von ihrem im guten Sinn esoterischen Wesen her mit dem Wesen der Liturgie kaum in Übereinstimmung zu bringen." Im Klartext besagt dies: Gebrauchsmusik (auf Kunstgewerbenniveau) für die Liturgie! Die eigentliche Kirchenmusik mag man anderweitig pflegen. Man übersieht dabei leicht, daß dann die sogenannte „eigentliche" Kirchenmusik keine Kirchenmusik mehr ist und es in der Kirche „eigentliche" Kirchenmusik nicht mehr gibt.

In den Jahren, die seitdem vergangen sind, ist nun freilich eine erschreckende Verarmung spürbar geworden, die hauptsächlich dann eintrat, wenn man dem „zwecklos Schönen" die Türe wies. Die Sorge um den „überlieferten Schatz" der kirchlichen Musik, wie es im Konziltext heißt, und die Frage, wie es mit ihr weitergehe, bedrückt heute viele – auch uns hier. Es ist festzustellen, daß das Interesse der echten schöpferischen Kräfte an der Kirchenmusik erlahmt, oft dilettantische Produktionen sogenannter neuer Kirchenmusik in die Praxis eindringen, die große Tradition der Gregorianik, welche die Kunstmusik des Abendlandes bis in unser Jahrhundert immer wieder befruchtet hat, sowie die klassische Polyphonie für ein Linsengericht geopfert werden...

Die Kirche muß anspruchsvoll bleiben, sie muß den Streit um die „Vergeistigung" führen, ohne den sie zu einem „Ersten Kreis der Hölle" wird. Deshalb muß die Frage nach dem „Geeigneten" immer auch die Frage nach dem „Würdigen" sein und die Herausforderung, dieses „Würdige" zu suchen.

Bertold Hummel in einem Vortrag am 26.3.1979 in Bonn

Was der Kirche aufgetragen ist

Eine Kirche, die nur noch „Gebrauchsmusik" macht, verfällt dem Unbrauchbaren und wird selbst unbrauchbar. Ihr ist Höheres aufgetragen. Sie soll – wie es vom alttestamentlichen Tempel gesagt ist – Stätte der „Herrlichkeit" sein und freilich so auch Stätte, in der die Klage der Menschheit vor das Ohr Gottes gebracht wird. Sie darf sich nicht im gemeindlich Brauchbaren beruhigen, sie muß die Stimme des Kosmos wecken und, indem sie den Schöpfer verherrlicht, dem Kosmos seine Herrlichkeit entlocken, ihn selbst herrlich und damit schön, bewohnbar, liebenswert machen. Die Kunst, die die Kirche hervorgebracht hat, ist neben den Heiligen, die in ihr gewachsen sind, die einzige wirkliche „Apologie", die sie für ihre Geschichte vorzubringen hat.

Joseph Kardinal Ratzinger: Theologisches zur Kirchenmusik

Zur Antiekstase im christlichen Gottesdienst

Ekstase und Langeweile

Ohne es breit beweisen zu müssen, läßt sich annehmen, daß die Mehrzahl der Christen den sonntäglichen Kirchgang langweilig findet. Insbesondere [trifft das für] jene Christen [zu], die ihren Glauben – der nicht abgestritten sei –, gar nicht mehr der „sonntäglichen Öde" konfrontieren wollen. Aber selbst der „praktizierende" Christ ertappt sich bei dem Gedanken, wie schön es wäre, die Gottesdienst-Pflicht schon hinter sich zu haben. ... Die Jugend gar stimmt gleich mit den Füßen ab.

Eben von dieser „Langeweile" des Gottesdienstes sei die Rede. Sie ist nämlich weit vielsagender, als auf den ersten Blick zu vermuten, allerdings nur, wenn man zweierlei Langeweilen unterscheidet.

Die eine ist in der Tat die bekannte und befürchtete: das endlose Verstreichen der Minuten, in denen ein unaufgeschlossener Inhalt von angeblich höchster Bedeutung trotz aller Beteuerung nicht aufscheint und [die] einfach „durchzustehen" ist. Vielerorts hilft man sich mit so viel Abwechslung wie möglich, sei es mit ein wenig musikalischem Babalu, mit ausgedehnten aktuellen Fürbitten, mit Aufrüttelung des sozialen Gewissens im Blick auf die Dritte Welt oder einem von Kindern und Jugendlichen aufgeführten Bibliodrama anstelle der Predigt. Vorbild sind die *actions* und *happenings* auch der Katholikentage (wieviel *Begeisterung* und *Stimmung* herrschen dort doch immer ...). Wie läßt sich Schwung in das sonntägliche Einerlei bringen? Und wie schaffen es eigentlich die Sekten, die jungen Leute anzuziehen und festzuhalten?

Die zweite Langeweile ist eine gänzlich andere, genauer gesagt: ist die gänzlich unverstandene Seite der ersten. Diese Langeweile ist *konstitutiv* für die Liturgie, gewollt und herausfordernd beabsichtigt. Um zum Kern der These zu kommen: Der christliche Gottesdienst ist *antiekstatisch* und will es sein.

Diese sonderbare These gewinnt Kontur, wenn man sich einen bestimmten Typus heidnischer Gottesdienste der antiken Welt vergegenwärtigt. Gottesdienste dieser Art sind auf Eindruck und Überwältigung abgestellt. Woran merkt die gläubige Menge das Erscheinen, die Epiphanie der Götter? Durch reale Erfahrungen, nämlich durch Erhöhung und Erweiterung der Sinne, durch rauschhafte Veränderung des Bewußtseins. Die Anspannung, ja Überdehnung aller Sinne ist eine wichtige religiöse Übung. ...

Vorübergang, nicht *Entrückung*: Dramatik des christlichen Gottesdienstes

„Lasset uns geziemend und in Ehrfurcht stehen, lasset uns aufmerksam sein, das heilige Opfer in Frieden darzubringen!" – so singt die Göttliche Liturgie der Ostkirche zur Gabenbereitung. Stehen – aufmerken – Frieden: Mit diesen drei Haltungen ist der Grundton der christlichen Liturgie atmosphärisch hergestellt. Hier gilt die Intonation des Ambrosius: *Laeti bibamus sobriam ebrietatem spiritus* („Froh laßt uns kosten die nüchterne Trunkenheit des Geistes"). Das meint nicht, daß die Liturgie nicht eine Dramatik kennt; sie entfaltet sich nur auf ein anderes Ziel als die Überwältigung hin. Ihre Dramatik errichtet zunächst den Raum für das Wort, das heißt, es geht wie im Alten Bund um das deutliche Festhalten eines geschichtlichen Inhaltes. In einem zweiten Teil, der sich am Altar vollzieht, werden Leiden und Tod Jesu vergegenwärtigt, und zwar als das Abendmahl, also das Pessachmahl, welches in der Symbolik das nächtliche Zerbrochenwerden Jesu vorwegnimmt. Damit ist die Urdramatik Israels wieder gegeben: die Nacht in Ägypten, die Schlachtung des Lammes, der Verübergang des Herrn, der rasche Aufbruch in die Freiheit... Wieder ist kein Platz für Orgiastik, auch nicht für den Todes- oder Auferstehungsrausch etwa im Umfeld des Dionysos. Der Wein, der das Blut Jesu ist, wird nicht des kultischen Taumels wegen getrunken. Genaues Geschehen, gedrängter Ablauf, Mitgehen und klares Dabeisein sind gefordert. Gerade hier findet Wandlung statt: Wandlung des Todes in das Leben, des Getöteten in den Auferstandenen. Nicht untermenschliche Wirrnis, sondern göttliche Klarheit wird erreicht. Und dies in der „keuschen" Form sparsamer Zeichen und Gesten, die den ungeheuerlichen Resonanzboden des Ganzen andeutend öffnen, ihn aber nicht ausschreiten.

Hanna-Barbara Gerl-Falkowitz: „Esset das Lamm schnell ..."
Zur Antiekstase im christlichen Gottesdienst

4

Singt dem Herrn

Das Kirchenlied in Geschichte und Gegenwart

Als die Deutschen singen lernten

Das Volk, welches durch Belehrung in den Geist und das Verständnis des Gottesdienstes eingeführt werden mußte, verhielt sich anfangs, wie dies natürlich war, schweigend und zuhörend, während die Sänger, welche den lateinischen Choral vortrugen, bei der Einübung der Gesänge mit mancherlei Schwierigkeiten zu kämpfen hatten. Johannes Diaconus berichtet darüber: „Unter den Nationen Europas waren es vorzüglich die Germanen oder Gallier, welche im Erlernen des kunstmäßigen Gesanges nicht leicht müde wurden. Dagegen hatten sie den Fehler, daß sie die Gesänge nicht intact lassen konnten. Aus Leichtsinn mischten sie von ihren eigenen Gesängen etwas unter die gregorianischen. Dazu kommt noch die natürliche Wildheit. Bei ihrem mächtigen Körperbau besitzen sie gewaltige Stimmen. Die Modulationen, welche sie gehört haben, vermögen sie nicht in zarter Weise wiederzugeben; vielmehr arten ihre an den Trunk gewöhnten, heiseren Kehlen in natürliches Geschrei aus und bringen so Töne hervor, welche dem Gepolter eines vom Berge herabrollenden Lastwagens ähnlich sind, so daß die Zuhörer mehr betäubt als gerührt werden" (Vita S. Greg., c. 6). Die Singlehrer hatten keine beneidenswerte Arbeit. Es läßt sich daher leicht erklären, daß solche, die den Gesang erlernt hatten, wenig Lust verspürten, andere darin zu unterrichten. Bischof Chrodegang von Metz fand sich deshalb veranlaßt, im Jahre 759 folgende Verordnung zu erlassen: „Wenn solche übermüthige Sänger gefunden werden, welche die Kunst, deren sie mit der Gnade Gottes theilhaftig geworden sind, andere nicht lehren wollen, so sollen diese schwer und strenge bestraft werden, damit sie sich bessern und das Talent, welches Gott ihnen verliehen, auch zum Unterrichte anderer verwerthen".

Allmählich lernten jedoch die Deutschen den lateinischen Choral singen. Das Volk aber, nachdem es die Elemente christlichen Glaubens und christlicher Sitte in sich aufgenommen und mit seinem ganzen Gemüte erfaßt hatte, fühlte bald den unwiderstehlichen Drang in sich, seine innersten religiösen Empfindungen in Wort und Weise zum lebensvollen Ausdruck gelangen zu lassen. Karl der Große, dem der Kirchengesang sehr am Herzen lage, vermochte wegen der mangelhaften Cultur der deutschen Sprache das Kirchenlied in der Muttersprache nicht zustande zu bringen. Um aber doch dem Bedürfnisse des Volkes Rechnung zu tragen, schrieb er in seinem Caputilar v. J. 789 vor, daß das ganze Volk die Doxologie „Gloria Patri et filio" usw. und der Priester mit dem Volke und den hl. Engeln das „Sanctus" singen solle. Ludwig II. wies im Jahre 856 dem Volke den Responsoriengesang zu. Ob diese Verordnungen wirklich befolgt worden sind, ist nicht zu ermitteln. Wohl wissen wir, daß die Worte „Kyrieeleis" es sind, welche in Ermangelung von Liedern in der Muttersprache dem Volke dazu dienten, seine religiöse Empfindung im Gesange kundzugeben. Bei allen möglichen Veranlassungen ertönte dieser Ruf: bei Begräbnissen, Wallfahrten, auf dem Schlachtfelde, beim Empfang hoher Persönlichkeiten, bei Inthronisationen u. dgl. Der Bauer sang ihn hinter dem Pfluge, der Arbeiter in seiner Werkstätte, der Kranke auf seinem Lager. Häufig artete derselbe in einen unverständlichen Jubel aus, so daß die Statuten von Salzburg (799) verschreiben mußten: „Das Volk soll lernen ‚Kyrie eleison' singen, und zwar nicht so unordentlich wie bisher, sondern besser."

Melodien dieses Volksrufes sind, wie es scheint, nicht aufgezeichnet worden. Es läßt sich aber annehmen, daß die verschiedenen Singweisen des „Kyrie eleison" im gregorianischen Choral, welche das Volk beim sonn- und feiertägigen Gottesdienst in der Kirche singen hörte, die Grundlage seiner Rufe bildeten. Ein Seitenstück hierzu sind die „Jubilationen", welche auf der letzten Silbe des „Alleluia" nach dem Graduale in Übung gekommen waren. Schon der hl. Augustinus berichtet hierüber: „Die Sänger, vom Text der Lieder anfänglich zu heiliger Freude begeistert, werden bald von seligen Gefühlen so überfüllt, daß sie durch Worte nicht mehr auszudrücken vermögen, was in ihrem Innern vorgeht; sie lassen deshalb das Wort beiseite und strömen ihre Gefühle in eine Jubilation aus. Die Jubilation ist nämlich ein Gesang, der den Aufschwung desjenigen Herzens offenbart, welches durch Worte seinen Gefühlen keinen Ausdruck mehr zu geben vermag. Und wem gebührt eine solche Jubilation mehr, als dem höchsten unaussprechlichen Wesen? Unaussprechlich nennen wir dasjenige, was wir nicht auzusprechen vermögen; und wenn man Gott nicht aussprechen kann, obwohl man es muß, was bleibt da weiteres übrig, als sich der Jubilation hinzugeben? Denn das Herz kann sich freuen, ohne Worte auszusprechen, und die Größe der Freude kann nicht nach Silben abgemessen werden!"

Um diese Jubilationen der Vergessenheit zu entreißen, kam man auf den Gedanken, die Melodien dadurch zu fixieren, daß man ihnen Texte unterlegte, nach der Regel: „So viele Silben, so viele Noten" oder „Hauptnoten", falls Ligaturen angewendet wurden. Auf diese Weise entstanden im Choralgesang die Sequenzen, welche Notker Balbulus in einem Antiphonar aus dem von den Normannen zerstörten Kloster Gimedion vorfand und in großer Anzahl selbst verfaßte. Ein ähnliches Verfahren wurde eingeschlagen, um in die volkstümlich gewordenen „Kyrie-eleison-Rufe" eine bestimmte Ordnung zu bringen. Man fixierte auch hier die Melodien dadurch, daß man ihnen deutsche Texte unterlegte. Diese Gesänge schlossen alle wieder mit den Worten „Kyrie eleis". Bei der feierlichen Einsetzung des Bischofs Diethmar in Prag (973) sang die Geistlichkeit Te Deum laudamus, der Herzog aber mit den Großen des Landes:

Christe kinado, Kyre eleison
unde die heiligen alle helfant uns! Kyrie eleison.

Die Einfältigen und Unwissenden riefen: „Kyrie eleison". Auf diese Weise entstanden die ersten deutschen Kirchenlieder, „Leisen" genannt.

W. Bäumker: Das katholische deutsche Kirchenlied in seinen Sangesweisen

GESANGBUCHTITEL AUS VIER JAHRHUNDERTEN

Enchiridion
oder
eyn Handbüchlein eynem yetzlichen Christen
fast nützlich bey sich zu haben,
zur steten Ybung und trachtung
geistlicher Gesange und Psalmen.
Rechtschaffen und kunstlich vertheutschet.
Erfurt 1524

Geistliche Lieder
auffs new gebessert zu Wittenberg.
Dr. Martin Luther.
Gedruckt zu Wittenberg
durch Joseph Klug
1529

Michael Vehe,
New Gesangbüchlin geistlicher Lieder,
Halle 1537

Babstsches Gesangbuch, 1545

Ein Gesangbuch
der Brüder inn Behmen vnd Merherrn,
Nürnberg 1564

Johannes Leisentritt,
Geistliche Lieder und Psalmen,
1567

Geistliche

Lieder vnd Psalmen/der

alten Apostolischer recht vnd warglau-
biger Christlicher Kirchen / so vor vnd nach der
Predigt / auch bey der heiligen Communion/ vnd
sonst in dem haus Gottes/ zum theil in vnd vor den
Heusern/doch zu gewönlichen zeitten/ durchs gantze
Jar / ordentlicher weiß mögen gesungen werden/
Aus klarem Göttlichem Wort / vnd Heiliger ge-
schrifft Lehrern (Mit vorgehenden gar schönen
vnterweisungen) Gott zu lob vnd ehre / Auch zu er-
bawung vnd erhaltung seiner heiligen allgemeinen Christlicher Kirchen / Auffs
fleissigste vnd Christlichste
zusamen bracht.

Durch

Johann:Leisentrit von Olmutz/
Thumbdechant zu Budissin 2c.

An Leser.

Dis klein gedicht / kauff ließ vnd richt/
Christlicher pflicht / es rewt dich nicht.

Cum Gratia & Priuilegio.

11 *Deckblatt zu „Geistliche Lieder vnd Psalmen von Johann Leisentritt von Olmütz", 1567*

Threnodiae Davidicae.
Bußthränen des Königlichen Propheten Davids...
verfertiget Durch Melchior Franck,
Nürnberg 1625

Friedrich von Spee, Trutznachtigall,
1649

Angelus Silesius, Heilige Seelenlust,
Breslau 1657

Harpffen Davids mit teutschen Saiten bespannet,
Augsburg 1659

Frommer Christen Betendes Herz und Singender Mund,
Altdorf 1663

Rheinfelsisches Gesangbuch,
1666

Pauli Gerhardi
Geistreiche Andachten
Bestehend in 120 Liedern,
Nürnberg 1684

Württembergisches allerneustes Gesangbuch
von erbaulichen alten und neuen Liedern
auf gnädigstes Befehlen
Sr. Hochfürstl. Durchlaut des regierenden Herzogs
in diese Form gefasset und dem öffentlichen Gottesdienst
bei Hof insbesondere gewidmet,
Tübingen 1723

Gerhard Tersteegen,
Geistliches Blumengärtlein inniger Seelen oder
kurze Schlußreimen,
Betrachtungen und Lieder über allerhand Wahrheiten
des innwendigen Christenthums,
zur Erweckung, Stärkung und Erquickung
in dem verborgenen Leben mit Christo in Gott,
1731

Das Gesangbuch der Gemeine in Herrenhut.
Daselbst zu finden im Waisenhaus,
1735

Tochter Sion,
herausgegeben von Heinrich Lindenborn,
Köln 1741

G. Joachim Zollikofer,
Sammlung der besten geistlichen Lieder
beim öffentlichen Gottesdienst der Reformierten,
Leipzig 1766

Lavater, Fünfzig christliche Lieder,
Zürich 1771

Ignaz v. Wessenberg,
Lieder und Hymnen zur Gottesverehrung der Christen,
Konstanz 1825

Carl Joh. Ph. Spitta,
Psalter und Harfe,
1833

Heinrich Bone, Cantate,
1847

Guido Maria Drewes, O Christ hie merk,
1885

Joseph Mohr, Psälterlein,
1891

Deutsches Evangelisches Gesangbuch (DEG)
1915

Kirchenlied
1938

Einheitslieder der deutschen Bistümer
1947

Evangelisches Kirchengesangbuch
1948

Gotteslob
1975

Evangelisches Gesangbuch
1996

DAS LUTHERISCHE KIRCHENLIED

Seine Entstehung entspringt der Absicht des Reformators, im Wissen um die Einprägsamkeit gesungener Texte, das Volk am Gottesdienst aktiv zu beteiligen. Luther hat dies in einem an G. Spalatin (1523/24) geschriebenen Brief programmatisch formuliert. Mit der Bestimmung des Gemeindeliedes zum liturgischen Gesang wurde zur Zeit der Reformation ein Grundstock von Liedern geschaffen, die gesungenes Evangelium darstellen sollten und sich vornehmlich in folgende Sachgruppen ordnen lassen: Psalm-, Fest- und Katechismuslieder sowie Lieder zum *Ordinarium missae*. Das reformatorische Lied ist daher häufig mehr hymnisches oder auch lehrhaftes Aussagelied als Gebetslied, wenngleich sich beides, besonders beim Psalmlied, keinesfalls ausschließt. Den Hauptanteil an der Bereitstellung der frühesten Kirchenlieder haben außer Luther Johann Agricola, Erasmus Alber, Elisabeth Cruciger, N. Decius, Johann Gramann, Nikolaus Hermann, S. Heyden, Justus Jonas, Lazarus Spengler, Paul Speratus und J. Walter geleistet. Diese Dichter knüpften bewußt an volkstümliche Formen an, im geistlichen Bereich vor allem an Hymnus und Leise des Mittelalters, im weltlichen an die durch den Minnesang begründete strophische Bar-Form. Weithin wurde daher die silbenzählende Reimstrophe ohne feststehendes Versmaß angewandt. Das Kirchenlied konnte als gottesdienstliche Zweckdichtung seine Aufgabe jedoch nur erfüllen, wenn dessen Schöpfer in Art der zeitgenössischen Meistersinger (Meistersang) zugleich Melodien bereitstellten. In der Regel erfogte dies auch hier, wenn möglich, durch Anknüpfung an überkommene, vor allem mittelalterliche geistliche Weisen, die jedoch unter Umständen gemeindegemäß, z. B. durch Ausmerzen von Ligaturen besonders bei Hymnenmelodien, umgeformt wurden (z. B. Luthers *Komm Gott, Schöpfer, heiliger Geist* nach dem Hymnus *Veni Creator Spiritus*).

Bei der strophischen Barform kamen jedoch nur Anlehnungen an das aus der spätmittelalterlichen Hofweise hervorgagangene bürgerliche Gesellschaftslied sowie an Meistersingerweisen in Betracht. Die Schöpfer des Kirchenliedes fallen daher nach der Terminologie von Glareanus' *Dodekachordon* (1547) nicht unter den Begriff „componista", sondern unter den des „phonascus" oder „inventor".

Über den reformatorischen Weisen liegt z. T. der Schleier der Anonymität. Daß Luther im besagten Sinn selbst „phonascus" gewesen ist, steht außer Zweifel; offen jedoch ist die Frage, in welchem Umfang er es war. Sicher ist, daß u. a. auch J. Walter an der Beschaffung von Liedweisen beteiligt gewesen ist. Verbreitet wurden die Kirchenlieder durch Gesangbuch-Drucke (die frühesten sind das sog. *Achtliederbuch* aus Nürnberg, die sog. *Erfurter Enchiridien* und das 3–5stimmige *Geystliche gesangk buchleyn* J.Walters; alle 1524).

Das zwischen 1529 und 1543 in vier Auflagen in Wittenberg erschienene Klug'sche Gesangbuch spiegelt am deutlichsten Luthers Einfluß und seine musikalischen Vorstellungen von der Gemeindeliedweise wider. Das letzte zu seinen Lebzeiten herausgegebene und von ihm (wie bei einigen früheren) mit einer Vorrede versehene Gesanguch war das von Valentin Babst (Leipzig 1545). Weitere wichtige Erscheinungsorte von Gesangbüchern der Reformationszeit waren Rostock, Königsberg, Konstanz, Straßburg und Bonn. Die Lieder Nikolaus Hermanns aus Joachimsthal (Böhmen) erschienen gesondert meist in Wittenberg (u. a. *Die Sonntags Evangelia über das gantze Jar*).

Bis zur Mitte des 16. Jahrhunderts war der Grundstock des lutherischen Kirchenliedes geschaffen und dessen liturgische Verwendung im wesentlichen geordnet, und zwar: innerhalb des Propriums (de tempore) zwischen den Lesungen von Epistel und Evangelium, innerhalb des Ordinariums vor allem zum Gloria (*Allein Gott in der Höh sei Ehr* von N. Decius), Credo (*Wir glauben all an einen Gott* von Luther), Sancuts (*Jesaja dem Propheten das geschah* von Luther) und Agnus Dei (*Christe, du Lamm Gottes* von Luther oder *O Lamm Gottes, unschuldig* von N. Decius), ferner als Kommunionlied und schließlich als Gesang vor und nach der Predigt sowie als Gesang zum Ausgang anstelle des *Da pacem* (*Verleih uns Frieden gnädiglich* von Luther). Noch nicht fest hatte sich um diese Zeit das Eingangslied eingebürgert.

Die folgenden 50 Jahre, in die auch der Beginn der Gegenreformation fiel, bildeten in der Gesangbuchgeschichte eine Epoche des Übergangs, die der Festigung und Sicherung des lutherischen Kirchenliedes diente. Vereinzelte Neuaufnahmen sind z. B. von P. Eber und N. Schnecker bekannt. Gegen Ende des 16. Jahrhunderts erwachte jedoch als Folge der zeitbedingten Nöte (z. B. Seu-

chen) und als Reaktion auf die konfessionellen Streitigkeiten eine neue Frömmigkeit, in der häufig die mittelalterliche Musik wieder auflebte. Während die
Nöte den Grundtenor vor allem im Liedschaffen von Ludwig Helmhold bilden,
fand die mystische Frömmigkeit in den Dichtungen von Bartholomäus Ring-
waldt und besonders von Martin Moller, Valerius Herberger und Melchior
Teschner ihren Niederschlag.

Die wohl bedeutendsten Lieder dieses Zeitabschnitts *Wie schön leuchtet der Morgenstern* und *Wachet auf, ruft uns die Stimme* (1599) stammen in Text und Weise
von Ph. Nicolai. Während die kunstvolle Strophenform beider Lieder und die
als Reprisenbar mit 3zeiligen Stollen gestalteten Weisen auf eine ältere Straßbur-
ger Tradition zurückgehen, weist das jeweils an die erste Strophe gebundene
enge Wort-Ton-Verhältnis auf eine neue Melodiegestaltung hin; diese fand ihre
Hauptvertreter in M. Vulpius, *Ein schön geistlich Gesangbuch* (4-5stimmig, Jena
1609), und M. Franck, *Rosetulum musicum* (4-8stimmig, Coburg 1627-28). Ihre
Weisen erschienen nicht mehr einstimmig, sondern als harmoniebezogene
Oberstimmen von vier- und mehrstimmigen homophonen Kantionalsätzen.
Die Kirchentöne verloren ihre Bedeutung zugunsten der Dur-Moll-Tonalität.
Zugleich trat auch eine feste Mensurbindung an die Stelle des früher häufigen
Schweberhythmus. Die Bindung der Melodie an die jeweils erste Strophe, die
auch Tonmalerei einschloß, setzte sich allgemein durch.

In die Zeit des 30jährigen Krieges fällt mit den Schlesiern Johann Heermann,
Matthäus Apelles von Löwenstern, Johann Franck und Andreas Gryphius, den
Mitteldeutschen Martin Rinckart, Paul Flemming, Johann Olearius, Michael
Franck, Johann Matthäus Meyfart und G. Neumark, den Ostpreußen Georg
Weißel, Simon Dach, H. Albert und Valentin Thilo, den Niederdeutschen Josua
Stegmann, Justus Gesenius, David Denicke und J. Rist sowie schließlich den
Brandenburgern Michael Schirmer und vor allem P. Gerhardt eine neue Blüte
der Kirchenlied-Dichtung. Nicht der gottesdienstliche Zweck gab nunmehr den
Anstoß zum dichterischen Schaffen, sondern das oft aus der Not der Kriegszeit
hervorgerufene Bedürfnis, persönliche Anliegen im Lied zum Ausdruck zu
bringen; es war daher in erster Linie für die Hausandacht bestimmt. So erklären
sich die zahlreichen Morgen- und Abendlieder und vor allem die Vertrauens-,

Kreuz-, Trost- und Ewigkeitslieder dieser Epoche. Große Bedeutung kam auch dem Passionslied als Bußlied zu. Am bekanntesten sind J. Heermanns *Herzliebster Jesu, was hast du verbrochen* und P. Gerhardts *O Haupt voll Blut und Wunden* und *O Welt, sieh hier dein Leben.*

Von der dichterischen Gestaltung her steht das umfangreiche Liedschaffen dieser Zeit im Zusammenhang mit der Reform von M. Opitz, der in dem *Buch von der deutschen Poeterey* (1624) die unbedingte Einheit von Sprachbetonung und Versmaß zur unumstößlichen Regel machte ...

Der Pietismus brachte die letzte schöpferische Epoche der Gesangbuchgeschichte. Was im Bereich des Luthertums in der Folgezeit bis zur Gegenwart an neuen Liedern entsteht, ist nicht speziell lutherisch, sondern allgemein protestantisch, wenn nicht gar, wie in allerjüngster Zeit, überkonfessionell. In der Epoche des Rationalismus erfuhr das lutherische Kirchenlied etwa seit 1760 eine oft so weitgehende, dem Zeitgeschmack Rechnung tragende textliche Neubearbeitung, daß vom ursprünglichen Wortlaut nahezu nichts übrigblieb. Von neu entstandenen Liedern haben nur einige von Chr. F. Gellert ihre Zeit überdauert. In den Melodien des späten 18. Jahrhunderts, wie im Kirchengesang überhaupt, fand die Zeit der Empfindsamkeit in schleppender Sentimentalität ihren Niederschlag. Von den Melodien dieser Zeit werden heute nur noch einige wenige gesungen, u. a. die streng isometrischen der Herrnhuter Brüdergemeine (z. B. *Herz und Herz vereint zusammen*) und J. A. P. Schulz' *Der Mond ist aufgegangen* (Text von M. Claudius, 1779; Melodie 1790).

Im 19. Jahrhundert erfolgte die Restauration des lutherischen Kirchenliedes (wichtigster Anstoß durch E. M. Arndts *Von dem Wort und dem Kirchenliede*, 1819), zunächst der Texte, später allmählich auch der Weisen. Dieser Prozeß kam erst im 20. Jahrhundert zum Abschluß.

Durch die kirchenmusikalische Erneuerung erfuhr das Kirchenlied des 16. und 17. Jahrhunderts eine einzigartige Wiederbelebung, aus deren Geist auch neue Lieder entstanden (z. B. von J. Klepper, und R. A. Schröder; Melodien u. a. von H. Fr. Micheelsen und G. Schwarz) und das *Evangelische Kirchengesangbuch* als erstes Gesangbuch sämtlicher Deutschen Landeskirchen 1949 hervorgegangen ist.

Seit 1960 ist eine ungewöhnlich große Menge von neuem geistlichem Liedgut entstanden, bei dem häufig eine bewußte Anknüpfung an vulgäre Gesangsformen (z. B. Verwendung von Jazz-Elementen) erfolgte. Das Ergebnis ökumenischer Bestrebungen waren 1973 *Gemeinsame Kirchenlieder* (hrsg. im Auftrag der christlichen Kirchen im deutschen Sprachraum von der Arbeitsgemeinschaft für ökumenisches Liedgut).

Walter Blankenburg: Das lutherische Kirchenlied

Kultlied und geistliches Lied

Das katholische geistliche Lied, ursprünglich Erbe volkstümlicher und volksliedhafter Traditionen, stand seit den Anfängen systematischen Gebrauchs und systematischer Sammlung im sechzehnten Jahrhundert stets in einer gewissen Spannung zum evangelischen Kult- und Gemeindelied. Dort hatte der Kult – ich übertreibe jetzt – das Singen absorbiert; hier dagegen strömte der Gesang über den kultischen Ablauf, den liturgischen Zweck hinaus. So behielt das Kirchenlied im katholischen Bereich, bei geringerer „Gottesdienstlichkeit", eine stärkere Volkstümlichkeit und Ausstrahlung in die Breite des christlichen wie des profanen Lebens – zwischen denen man ja damals noch keinen harten Trennungsstrich zu ziehen pflegte; es gab hier nicht den Ausbruch ins freie, kirchenlose Gefühl, noch weniger die Seelentiefe einer – von ihren liturgischen Bindungen allmählich sich befreienden – geistlichen Musik.

Man muß die unsäglich klappernden Katechismuslieder der Lutherepigonen des siebzehnten und achtzehnten Jahrhunderts im Ohr haben, um das Hinausdrängen des evangelischen Kirchenlieds in die Weltlichkeit zu verstehen – von Paul Gerhardt und Tersteegen zu Novalis; und man muß sich die extreme Ritualisierung des evangelischen Gottesdienstes bis in die letzten Fugen künstlerischer Expression hinein vergegenwärtigen, um zu begreifen, daß ein Bach dieses System durch Überdimensionierung sprengen *mußte* : Nicht zufällig erschienen den Zeitgenossen seine Passionen „opernhaft". Im katholischen Raum erreiche die Spannung zwischen Drinnen und Draußen, Kirche und weltlichem, christlichem Leben niemals diesen Grad.

Am kleineren Beispiel des Lieds gemessen: Hier lief beides, Profanes und Geistliches, unbefangen noch lange hin und her. Erst mit der liturgischen Bewegung der zwanziger Jahre unseres Jahrhunderts und mit dem Zweiten Vatikanischen Konzil tritt die Forderung auf, Kult und geistliches Lied stärker aufeinander zu beziehen, den Abstand zwischen dem römischen Ordinarium und dem deutschen Kirchenlied zu verringern: Über die Schwelle der Kirche soll jetzt nichts mehr, was nicht „liturgischen Zwecken" entspricht.

Hans Maier

DAS QUEMPAS-SINGEN

Innerhalb des reichen Wechsels von liturgischen Stücken, einstimmigen und Chorgesängen, Orgelspielen war das eigentümlichste Stück der *Quempas*. Über ihn heißt es (in der Wiedergabe des Vincenz Schmuck in seiner „Weihnachtsfreude" von 1617):

„Wird eine Motette geschlagen und nach derselben singen vier Knaben oder Diskantisten, gestellt an vier Örter der Kirche.
Der erste Knabe: Quem pastores laudavere,
Der zweite Knabe: Quibus Angeli dixere:
Der dritte Knabe: Absit vobis iam timere -
Der vierte Knabe: Natus est Rex gloriae.
Der Chor: Nunc Angelorum gloria."

So folgen in der gleichen Verteilung die übrigen Gesätze der beiden Lieder. Einen späteren Bericht enthält die *Agenda Ruthenica* von 1766, dort heißt es:

„Wenn der Priester von der Kanzel [geht], wird eine Weile instrumentaliter präambuliert, da sich denn während der Zeit die als Engel verkleideten Knaben aus der Schule, und zwar in vier Chören, in die Kirche begeben, der eine Chor vor den Altar tritt, der andere auf die Kanzel, der dritte im Beamten-Stuhl und der vierte auf den Singe-Chor, worauf sie dann den bekannten Gesang *Quem pastores laudavere* alternatim anstimmen, und zwar so, daß die vor dem Altar jedesmal den ersten Teil singen, die in dem Beamten-Stuhl den anderen, die auf dem Chor den dritten und die auf der Kanzel den letzten. Ist eine Strophe sowohl lateinisch als deutsch abgesungen, so wird mit Trompeten geblasen *In dulci jubilo* etc. und darauf der erste Vers dieses Gesanges von allen vier Chören und von der Gemeinde gesungen und so wechselweise mit diesen beiden Gesängen bis zu Endigung derselben fortgefahren, worauf die Knaben abgehen, ein wenig, bis sie aus der Kirche sind, präambuliert, sodann vor dem Altar intonieret, eine Kollekte [gehalten] und Segen gesprochen und mit einem Vers aus einem Weihnachts-Gesang beschlossen wird."

Seltsam sind nun in der Entwicklung des Quempas-Singens zwei Dinge: erstens, daß wir hier einen Gesang vor uns haben, bei dem die Bedürfnisse des logischen Denkens offenbar in hohem Maße ausgeschaltet sind. Die Verteilung der viermal vier Zeilen des Quempas auf vier Chöre oder auf (gelegentlich) sechzehn Einzelsänger entspricht nicht der logischen Gliederung des Textes; ja die alte deutsche Fassung, besonders mit dem „Heut sein die lieben Engelein" durchschossen, bereitet auch als geschlossenes Ganzes dem nachdenkenden Verstand manche Schwierigkeiten. Der Rationalismus hat nicht gezögert, diese Texte durch glattere zu ersetzen, deren noch eine große Zahl bekannt ist. Aber auf die logische Durchsichtigkeit ist es offenbar denen, die diese Gesänge geschaffen und gepflegt haben, sehr wenig angekommen. Ob nicht auch wir sie bei der Auswahl, Pflege und Gestaltung unserer Lieder manchmal zu wichtig nehmen?

Die zweite Eigentümlichkeit der Quempas-Sitte ist, daß sie sich so stark als rein örtliche Überlieferung fortgepflanzt hat und selten nur in landeskirchlichen Agenden auftritt; auch die Gesangbücher bringen höchstens den Text. Diese örtliche Überlieferung wurde gesichert durch die sogenannten Quempas-Hefte, kunstvoll handgeschriebene Textbücher mit buntgemalten Zierleisten. Und die Weisen?

„Zu diesem Gesange hat nun weder Kantor noch Organist noch Knaben

Noten, sondern die Kinder haben diesen Gesang von ihren Vorfahren gehört und singen ihn so nach, ja, es geht so weit, daß, wenn ein neuer Kantor hier antritt, selbiger den Gesang von dern Kindern erlernen muß, wie ich dies aus eigener Erfahrung sagen kann."

Als wäre es ein das Licht der Städte meidender Aberglaube, so hat sich der Brauch in Dörfer und kleine Städte (wo doch an sich das Latein gar nicht zu Hause sein konnte) zurückgezogen und ist so bis in unser Jahrhundert erhalten geblieben, in dem er sich nun wieder an eine größere Öffentlichkeit hervorwagen darf.

Von Amts wegen waren die nächtlichen Weihnachtsgottesdienste in manchen evangelischen Landeskirchen Deutschlands jahrhundertelang verboten. Wir müssen allerdings bedenken, daß alle jene Bräuche, die heute zur Neujahrsnacht gehören, damals mit der Christnacht als dem Anfang des „neuen Jahres nach Christi Geburt" verknüpft waren. Da ist es denn oft sehr unfeierlich hergegangen, und wir würden uns manchmal vielleicht eher in die Fastnacht als in den heiligen Abend versetzt gefühlt haben. Trotzdem ist die Begehung der Weihnachts-Frühmette erst in diesem Jahrhundert in den evangelischen Kirchen ausgestorben und allgemein durch die Christvesper am Heiligen Abend, stellenweise außerdem durch die Mitternachtsmette ersetzt worden [neuerdings wieder Frühmetten in beiden Konfessionen].

Wilhelm Thomas und Konrad Ameln: Das Weihnachtslied

GEISTLICHER BÄNKELSANG

In die „Liturgie des Daseins" (A. Winkelhofer) eingebunden, durchzieht das in ungedruckter, mündlicher Überlieferung weitergetragene geistliche Volkslied die Jahrhunderte. Es lehnt sich mehr oder weniger an die Heilige Schrift und an die Lehren der Kirche an, wird einmal von Geistlichen und Ordensleuten forciert, dann wieder abgelehnt und verboten, dringt über den Flugblattdruck, den „geistlichen Bänkelsang" (L. Schmidt) bis in die entlegensten Landschaften, findet sich in textlich und melodisch bearbeiteten und damit fixierten literarischen

Fassungen zeitweilig in offiziellen Kirchengesangbüchern oder sinkt aus diesen ins Volk ab, wird in handschriftlichen Liedersammlungen – die nicht nur Kirchen-Vorsänger anlegten – bewahrt und von Generation zu Generation weitergegeben. Und [es] ist in der sich daraus ergebenden Fülle von Typen und ‚Varianten' Zeugnis inniger Gottesverehrung und tiefer Volksfrömmigkeit.

Volkslieder entstehen durch unbekannte, ungebildete Verfasser, ‚aus dem Volk' oder werden aus literarischen Erzeugnissen entnommen. Nicht die Herkunft weist ein Lied als Volkslied aus, sondern allein seine Verbreitung, sein Leben in den seelisch-gesellschaftlichen Grundschichten. Dies gilt auch für den geistlichen Volksgesang.

Wo anonyme Verfasser am Werk waren, bleibt die Entstehung und das Aufkommen des einzelnen Liedes in der Regel im Dunkeln. Wo die Verbreitung über Druckwerke erfolgte, ist oftmals ein Priester oder Ordensangehöriger als Dichter oder Komponist ausfindig zu machen. Das Volkslied-Leben, der Eigentumsanspruch des Sängers am Lied, bedingt jedoch in jedem Fall im Laufe der Jahrzehnte und Jahrhunderte währenden Tradierung ein ständiges Verändern, eine Kette von Lied-Variationen.

Das Volkslied-Leben vergangener Jahrhunderte ist nur aus literarischen Belegen und aus Berichten über die Singebräuche zu erschließen. Wenn Nikolaus Beuttner zu Beginn des 17. Jahrhunderts in seinem *Catholisch Gesang-Buch* (Graz 1602) u. ö.) schreibt: „... *auff daß nicht solche schöne alte Gesänger in abwesen, vnnd leichtfertiger weiß in Vergessenheit gerathen*", habe er „*diese gar alte herkommende Catholische Gesänger, welche von vnseren lieben Vorältern erdacht, vnd nicht allein in der Kirchen, sonder auch in Processionibus, Creutz: vnd Walfahrten, auch in jhren Häusern andächtig gesungen...*" zusammengetragen, so ist damit ein wertvolles Zeugnis für das Bestehen geistlichen Volksgesanges in jener Zeit gegeben. Beuttner hat, einem Volksliedforscher unserer Tage vergleichbar, die ihm bedeutsam erscheinenden Lieder aufgezeichnet und in seinem Gesangbuch der Nachwelt bewahrt. Allerdings konnte er die Lieder nur in der ihm vorgesungenen Fassung fixieren – und diese Momentaufnahmen damit zu Gesangbuchliedern machen; dieselben Lieder aber haben sich (neben der nun bestehenden literarischen Überlieferung) im Volksmund weiter gewandelt.

Der überwiegende Teil des im 17. bis 19. Jahrhundert in das Volksliedleben eingegangenen geistlichen Liedgutes in der Landessprache fand entweder mit Hilfe des *Flugblattdruckes* Verbreitung oder ist gelegentlich in schriftlichen Fassungen auf Flugblättern festgehalten worden.

Flugblattdrucke bringen in der Regel nur die Texte der Lieder. Auf die Melodien wird durch „Ton-Angaben" verwiesen: *„Ein Schön New Geist- / lich Lied, Ewiger Vater im Himmel – / reich. In des Berners oder Her- / tzog Ernst weiß. / Ein ander Geistlich Lied, / Ich armer Sünder klag mich sehr / Im thon, Ich armes Meid- / lein klag mich sehr"* u. ä. Somit liegt hier auch ein wesentlicher Ansatzpunkt der Kontrafakturforschung vor. Bis in die zweite Hälfte des 17. Jahrhunderts herein ist die sehr sorgfältige Ausführung dieser Kleindrucke zu beobachten, hervorragende Künstler beteiligten sich an der Ausgestaltung mit Holzschnitten oder Kupferstichen; Angaben über Drucker, Druckorte und Druckjahr fehlen selten. Im 18. und 19. Jahrhundert zeichnet sich dann eine gewisse Oberflächlichkeit in der Verarbeitung ab; oft entfallen die Bilder, meist auch Hinweise auf die Provenienz des Blattes.

Aber nicht nur die äußerliche Aufmachung fällt einer Vereinfachung zum Opfer, auch in der inneren Umgestaltung tritt ein Gesinnungswandel zutage. Hatten zunächst Priester und Ordensangehörige den Anstoß zur Verbreitung der geistlichen Flugblattliteratur gegeben und die Produktion überwacht und mitbestimmt, so entglitt sie später ihrem Griff und wurde in der Folge von ihnen mit Mißtrauen betrachtet, sogar bekämpft. Vor allem in den Schriften der Gesangbuchherausgeber wird dieser Wandel deutlich.

Zeugnis dafür, was aus dem großen Angebot an Flugblattliedern im Volk Eingang und Verbreitung fand – und sich damit von der starren, in Text und Melodie schriftlich fixierten Form löste, sind die *handschriftlichen Gesangbücher*. Nicht nur Kirchenvorsänger, sondern alle singbegabten Bewohner der Dörfer und Kleinstädte legten sich einst diese Liederbücher an, deren Inhalt sich zum Teil von Generation zu Generation weitervererbte, zum Teil aber auch durch das Weglassen der aus der Mode gekommenen Lieder und durch die Einfügung neuer Lieder stets verändert wurde.

Wie die Flugblattdrucke, so sind auch diese handschriftlichen Liederbücher von Bibliotheken und Archiven nie systematisch gesammelt worden – und daher nur in wenigen Zufallsbelegen uns erhalten geblieben.

Charakteristisch für die handschriftlichen Liederbücher ist ihre Vielfalt. Ohne eine innere Ordnung und ohne auf thematisch Zusammengehöriges zu achten, werden im bunten Durcheinander weihnachtliche Hirtenlieder in Mundart, Sterbelieder, Marien- und Heiligenlieder, Osterlieder usf. eingetragen; man scheute sich aber auch nicht, zwischen die geistlichen Lieder mehr oder weniger derbe weltliche einzufügen. Oft sind die Initialen sorgfältig verziert und bezeugen so das liebevolle, innige Verhältnis des Schreibers zum geistlichen Volksgesang.

Wolfgang Suppan: Das geistliche Volkslied

Einfach, nicht simpel

Drei Trends lassen sich u. E. gegenwärtig beobachten, die sich zugleich als drei zeitlich aufeinander folgende Phasen des letzten Jahrzehntes darstellen. – Erst lernt man aus negativen Erfahrungen mit schwierigen älteren Weisen wie auch positiven Erfahrungen mit gängigen alten Volksliedweisen und in breiten Kreisen beliebten, erwecklichen Gesängen oder schlichten Spirituals bis hin zu den einfachen, leichten, schlagerartigen Liedern unserer Zeit.

Sodann sieht man die Mängel und Fehler dieses Anfangsstadiums, zumal in der aus der wiedergewonnenen Erkenntnis zu einseitig gezogene Konsequenz. Läuterung und Auslese, Besinnen auf Qualität und Mutmachen zur Beschäftigung auch mit Anspruchsvollerem sind die Kennzeichen. Man sieht die Gefahr der Verarmung, die Gefahr, sich anzubiedern, statt es sich etwas kosten zu lassen. Und: Einfachheit ohne Qualität ist Simplizität und Banalität. Leichtes machen und es sich zu leicht machen hängen leider oft eng miteinander zusammen. Sie sind dann Ausdruck für und Anlaß zu Unverbindlichkeit und mangelndem Engagement.

Neuerdings erlangt die Forderung nach Einfachheit wieder besondere Bedeutung. Man erlebt die Schwierigkeiten, die Gemeinden etwa mit moderner

Musik, respektive mit Singen in solchem Stil vertraut zu machen. Man lernt von der Theologie, daß im Alltäglichen und Einfachen die Begegnung mit dem Eschaton geschieht. Ein pragmatischeres Denken beginnt sich durchzusetzen ... Die Kirche lernt zu begreifen, daß sie weder in schönen und kunstvollen Gesängen die Schreie des Elends übertönen kann und darf, noch daß es ihr ansteht, aufgrund eines gewissen Schwierigkeitsgrades Lieder für Privilegierte zu schaffen ...

Jeder dieser drei Trends hat, neben dem Recht aufgrund der jeweils besonderen zeitlichen Situation, grundsätzliche Berechtigung. Eine Vereinseitigung und Verabsolutierung dieses Wertmaßstabes steht ihm entgegen. Angesichts dessen gilt unter Berücksichtigung weiterer Kriterien die Forderung, die kein Widerspruch in sich zu sein braucht und der auch die besten und bewährtesten alten Lieder gerecht wurden: einfach, nicht simpel, eingängig, nicht eintönig, leicht, nicht seicht, schlicht, nicht schlecht!

Karl Christian Thust: Das Kirchen-Lied der Gegenwart

5

FESTLICHES UND HEITERES ZUR GEISTLICHEN MUSIK IM JAHRESKREIS

LIEDER DES ADVENTS

Mit dem Lied, das der Wächter vom Turm in der Morgenfrühe herunterblies über die Gassen des alten Städtleins hin, blies er den Advent, die ganze Adventserwartung und Freude, das selige Adventsgeheimnis allen, den Großen wie den Kleinen, regelrecht ins Herz hinein.

Unsere ältesten deutschen Adventslieder sind Eindeutschungen uralter heiliger *Hymnen* aus der Frühzeit unserer Kirche. Von Ambrosius, dem Vater des abendländischen Kirchengesanges, stammt der berühmte Hymnus: *Veni, redemptor gentium – Nun komm, der Heiden Heiland,* einer der ehrwürdigsten und ältesten Gesänge der abendländischen Christenheit überhaupt und zugleich der „erste dichterische Missionsklang der abendländischen Kirche", ein Hymnus mit einer tiefen und schönen Melodie, die wohl gleichen Ursprungs und Alters mit dem lateinischen Text sein dürfte und die auch unseren deutschen Übertragungen zugrunde gelegt ist. Dieser Hymnus ist in verschiedenen Übersetzungen Bestandteil unseres Liedgutes geworden. Schon aus dem 12. Jahrhundert haben wir entsprechende Übertragungen. Zwei Formen haben sich in unseren kirchlichen Gesangbüchern bis auf den heutigen Tag erhalten: das kraftvolle Erblied, das in manchen Diözesen noch heute gesungen wird, und das sich schon im alten Gesangbuch von *Leisentritt* findet, ein Adventslied von liturgischer Größe, Kraft und Herbheit:

Komm, Gott, komm, Herr, du höchster Hort,
des Vaters Sohn, du ewig Wort.
Messias, komm, du edler Held,
nach dir verlangt die ganze Welt.

Eine zweite Übertragung desselben Hymnus geht auf *Martin Luther* zurück, ist metrisch nicht gut gelungen, ging aber schon in fast alle katholischen Gesangbücher des 16. und 17. Jahrhunderts über und war mir von Kindesbeinen an doppelt lieb und teuer, weil unser altehrwürdiges Gesangbuch der Heimat mit diesem Lied auf der ersten Seite begann:

Nun komm, der Heiden Heiland,
als der Jungfrau Kind erkannt,
daß sich wundert alle Welt,
daß ihm solch Geburt bestellt.

Er ging aus der Kammer sein,
dem königlichen Saal so rein,
Gott von Art und Mensch, ein Held,
sein' Weg er zu laufen eilt.

Die Krippen glänzet hell und klar,
die Nacht gibt ein neu Licht dar.
Dunkel muß nicht kommen drein,
der Glaub' bleibt immer im Schein.

Lob sei Gott dem Vater tan,
Lob sei Gott, sei'm einigen Sohn,
Lob sei Gott dem Heiligen Geist
immer und ewig geleist't.

Perle und Krone im Kranz unserer deutschen Adventslieder ist das immer wieder die Herzen ergreifende Lied von der Altväter Sehnsucht nach dem Messias: *O Heiland, reiß die Himmel auf.* Dieses Lied, das in seiner markigen Weise, in seiner herben Wucht, „der in der kraftvollen dorischen Tonart mehr einherbrausenden als schreitenden Melodie das Sehnen und Harren, Ungeduld und Ungestüm, Erwartung und siegesfrohe Gewißheit unübertrefflich und unwiderstehlich zum Ausdruckk bringt" (Dreves).

> *O Heiland, reiß die Himmel auf;*
> *herab, herab vom Himmel lauf!*
> *Reiß ab vom Himmel Tür und Tor,*
> *reiß ab, wo Schloß und Riegel vor!*

Und dann, welche Milde und welches Geheimnis des zweiten Bildes! Wie der Tau sich in nächtlicher Kühle über Laub und Gras hinsenkt, man weiß nicht, wann es beginnt, man sieht es nicht, man hört es nicht, und doch ist es da am Morgen, die nasse Frische des Grases, das stille Tropfen von den Bäumen und das glitzernde, perlende Gefunkel tausendfach sich spiegelnder Sonnenlichter, so möge auch der Heiland über Nacht vom Himmel fließen. Dann aber wieder sollen die Wolken des Himmels sich öffnen und in wild herabstürzenden Wolkenbrüchen den König ausgießen über Jakobs Haus:

> *O Gott, den Tau vom Himmel gieß,*
> *im Tau herab, o Heiland, fließ!*
> *Ihr Wolken, brecht und regnet aus*
> *den König über Jakobs Haus.*

Das dritte Bild bringt Wärme und Innigkeit in das Lied, Farbe und Freude, ja fast Entzücken; es erinnert beinahe an die Lieblichkeit und an die Wunder deutscher Hausmärchen:

> *O Erd, schlag aus, schlag aus, o Erd,*
> *daß Berg und Tal, grün alles werd!*
> *O Erd, hervor dies Blümlein bring,*
> *o Heiland, aus der Erden spring!*

So wird der hohe Himmel, Luft und Wolken, ja die Erde selbst aufgerufen, den Heiland zu bringen. Und wie dann plötzlich das Licht aufbricht in der Finsternis, ein Licht, nach dessen Klarheit und Schönheit, nach dessen hellem Schein wir uns in dunklen Tagen und Nächten das Herz zersehnten:

O klare Sonn, du schöner Stern,
dich wollten wir anschauen gern.
O Sonn, geh auf! Ohn deinen Schein
in Finsternis wir alle sein.

Bis dann in der ergreifenden Schlußstrophe alle Menschenqual, alle Bitterkeit, alle Versuchungen, alle Leiden, die unser Herz zerwühlen, alle die Menschangst vor Not und Tod dem Erlöser-Heiland gläubig und hoffnungsstark anheimgestellt werden:

Hier leiden wir die größte Not,
vor Augen steht der ewig Tod.
Ach komm, führ uns mit starker Hand
vom Elend zu dem Vaterland!

Bernhard Bergmann: Werkbuch zum deutschen Kirchenlied

DER ORGANIST ALS NIKOLAUS

Es war in den Jahren nach dem Zweiten Weltkrieg. Die Leute, ermüdet und ausgelaugt vom Kampf um die nackte materielle Existenz, hatten einen wahren Heißhunger nach Geistlichem und Künstlerischem. Weshalb man begreifen wird, daß die religiösen Abendvorträge viel Beachtung fanden, die ein hochangesehener Münchener Theologe, Universitätsprofessor von Rang, – heißen wir ihn Professor N. – in verschiedenen Kirchen im Münchener Stadtteil Schwabing hielt. Dieser Mann des Geistes besaß dank seiner Universalität ein Gespür dafür, welche Bedeutung dem Musikhören als Wegbereiter für die Aufnahme des gesprochenen Wortes zukommt. So bekam ich denn von ihm, diesem Meister des Wortes, den ehrenvollen Auftrag, seine Vorträge jeweils mit einem Stück aus der Orgelliteratur einzuleiten und ausklingen zu lassen. (Zahlreiche von ihm verfaßte Werke, mit handschriftlicher Widmung versehen, gehören noch heute als Zeichen dieser idealen Zusammenarbeit eines gottbegnadeten Redners und eines Musikers zu den Glanzstücken meiner Bibliothek.)

Im Zusammenhang mit einem solchen Abendvortrag in der Sylvesterkirche hat sich das Folgende abgespielt: Ich hatte damals – es war so um den 6. Dezember herum – zugesagt, in einem von Ordensschwestern geleiteten Knabenerziehungsheim im Münchner Osten als Nikolaus eine abendliche Visite zu machen. Damit die Buben in der Orleansstraße nicht zu spät ins Bett kämen, mußte alles so organsisiert werden, daß die Zeitspanne zwischen meinem am gleichen Abend angesetzten Organistenengagement in Schwabing und der Nikolausverpflichtung im Knabenheim möglichst verkürzt würde. Daher hatte die ehrwürdige Frau Oberin des Heims die Anordnung getroffen, es solle ein von ihr bestelltes Taxi am Sakristeieingang der Sylvesterkirche auf mich warten, um mich dort nach dem Ende der Vortragsveranstaltung abzuholen. In dem Auto sollte die gesamte Nikolausmontur wie Bart, Mitra, Rauchmantel usw. bereitliegen, und ich sollte noch während der Fahrt im Auto die Zeremonie des Umkleidens vornehmen. Die Parole für den Taxifahrer lautete: „Warten Sie pünktlich auf den Professor!"

Möglich, daß sich an dem in Frage kommenden Abend mein Postludium nach dem Vortrag von Professor N. etwas in die Länge zog: Jedenfalls verbanden sich mit dieser Tatsache noch drei andere, an sich furchtbar harmlose Umstände, die ungewollt den Knoten der Verwirrung knüpfen sollten. Fürs erste war der Weg des Professors N. von der Kanzel zur Sakristeitür viel kürzer als die Entfernung, die ich von der Orgelempore am entgegengesetzten Kirchenende bis zur Sakristei zu überwinden hatte. Zum zweiten hatte ich als gewissenhafter Organist nach beendetem Spiel noch die Register und den Motor abzustellen, den Spieltisch abzuschließen, die Emporentüre zuzusperren und die Schlüssel an ihren Verwahrungsort zu bringen. Und drittens führte ich zu allem Überfluß in jener Zeit als Orgellehrer an der Musikhochschule den Titel Professor wie der Redner des Abends, unser Professor N.

Letzterer hatte nun seinerseits ebenfalls ein Taxi an den Sakristeieingang hinbestellt, um rasch nach Hause zu kommen. Aus dem eben Gesagten ist es verständlich, daß er einige Minuten vor mir, und somit als Erster, zur Sakristeitür herauskam. „San Sie der Professa?" Diese Frage des wartenden Chauffeurs, in dessen Wagen der Motor lief, war lediglich eine Formsache – unser guter Professor N. wurde kurzerhand im Auto verstaut. Die Türe flog geräuschvoll zu. Im Anfahren rief der Fahrer dem Professor auf dem Rücksitz zu:

„Sie solln glei mit'n Umziahgn ofanga, hat d'Frau Oberin g'sagt. Dös ganze Nikolaussach' liegt neb'n Eahna auf'm Sitz!" – und los ging's in einem eben noch polizeilich zulässigen Eiltempo gen Osten, in Richtung Isar durch den Englischen Garten.

Man müßte dem kleinen, beinahe zerbrechlich wirkenden Gelehrten in einer Vorlesung zu Füßen gesessen sein, um sich ihn in dieser Situation vorstellen zu können. Er, der allen praktischen Dingen des irdischen Lebens irgendwie hilflos gegenüberstand, sieht sich auf einmal der brutalen Gewalt eines urmünchnerischen, stämmigen Taxifahrers ausgeliefert! Sein erster Gedanke mag etwa in die Richtung gegangen sein wie „Entführung durch einen wahnsinnig Gewordenen!"

Es hat lange gedauert und es hat der verzweifelten rednerischen Gegenwehr unseres Professors N. bedurft, bis er den Fahrer, dessen Denken einzig auf die pünktliche Abwicklung seines Transportauftrages gerichtet war, davon zu überzeugen vermochte, daß hier etwas nicht stimmte und daß ein Falscher für den Nikolaus gehalten werde.

Schließlich gab der Mann mit der Mütze nach: Kehrtwendung im Rückwärtsgang und in zügiger Fahrt zurück zur Sylvesterkirche!

Unterdessen war das von Professor N. bestellte Taxi ebenfalls, allerdings mit einer kleinen Verspätung an der Treppe zur Sakristei vorgefahren. Glücklicherweise hatte ich, der als Zweiter (und als der richtige Nikolaus) die Sakristei verließ, den Fahrer dieses Wagens gefragt, ob er von der Frau Oberin des Knabenheims geschickt sei und ob er die Nikolaussachen im Wagen hätte – was natürlich verneint wurde. Ohne diese Schicksalsfrage wäre ich todsicher in der Wohnung des Kollegen N. am entgegengesetzten Stadtende gelandet – und der Nikolausabend bei den Buben wäre wohl wegen Nichterscheinens der Hauptperson kläglich ins Wasser gefallen.

Im Vergleich mit dieser Panne fiel die Verspätung kaum ins Gewicht, mit der ich, in den richtigen Nikolaus verwandelt, in der Orleansstraße würdevoll meinem Auto entstieg.

Und die Moral von der Geschicht:
Spiele als Organist keinen Nikolaus nicht!

Heinrich Wismeyer: Geschichten um die Orgel

DIE CHRISTMETTE

In der tiefverschneiten, eiskalten Dunkelheit haben wir Dorfkinder uns gesammelt und allesamt auf die breite, hölzerne, von vier Rössern gezogene Schneeschloapf (Schneepflug) gehockt, die wo der Schatzl-Knecht in unser Pfarrdorf hinaufgefahren hat, um den Weg zu bahnen. ... Droben aber, vom Aufkirchner Berg herunter, haben die hohen, schmalen, märchenhaft schön bemalten Fenster von unserer uralten Kirche geleuchtet und schier wie überirdisch gestrahlt, und je näher wir gekommen sind, um so deutlicher sind die Umrisse von der Kirche selber aufgetaucht. Auf einmal waren die Mauern, das Dach und der Turm zu sehen, so fest und ruhig und gottesmächtig wie seit ewiger Zeit ...

Da sind sie dahergestapft, aus dem weiten, breiten Farchach-Bachhauser-Tal herauf, die Bauern und Weiber und Kinder; durch die schwarze Nacht und den tiefen, tiefen Schnee wateten sie mit ihren Windlaternen, und das hat ausgeschaut, als wie wenn wirkliche Sternketten dahergewandert wären ...

Und wenn dann beim tiefbrummenden Glockenläuten so nach und nach die strahlend erleuchtete, steil ins Gewölbe aufstrebende Pfarrkirche sich dicht und immer dichter mit den Mettenbesuchern gefüllt hat, wir Kinder mitten drinnen, wenn der Pfarrer im schönsten, goldstrotzenden Ornat und hinter ihm die klingelnden Ministranten aus der Sakristei gekommen und über die von einem roten Teppich belegten Stufen zum Hochaltar hinaufgegangen sind, wenn in dem Augenblick, fast wie noch mal so laut als wie sonst, die Orgel erklungen ist und Chorstimmen eingefallen sind – wahr und wahrhaftig, das ist jedesmal gewesen, als wie wenn unser allmächtiger Herr und Gott selber dieses prangende, prunkende Inwendige von unserer Pfarrkirche aus Licht und Farben und Gold, aus Orgeltönen und Gesang wie ein märchenhaft prachtvolles Schmuckkästlein mitten in unsere tiefverschneite, eiskalte, stockdunkle Weltkugel herabgestellt hätte, und ich glaub, nicht bloß uns Kinder, sondern jedem, der wo da frierend und vom langsam aufgleimenden Schnee durch und durch naß in den Betstühlen gekniet oder auf dem rutschigen, nassen Pflasterboden gestanden ist, hat es da wie ein Wunder überkommen. Ganz und gar aber hat uns alle schier verzaubert, wenn am Schluß der Mette – von den rostigen, tiefbassigen Mannsbildern, den heller singenden Weibern bis zu den dünnen Stimmen von uns Kindern – das gemaeinsame Tedeum gesungen worden ist, dieses gewaltige zum Himmel hinauf brausende „Großer Gott, wir loben dich …"

Beschreiben kann ich das nicht mehr. Mir ist es aber jedesmal so vorgekommen, als wie wenn der ganze Stimmenfluß sich so mit dem Orgelspiel vermischt hat, daß man gemeint hat, das Singen und das Spiel schweben auf einem samten weichen, aber unsichtbaren Teppich über uns empor, immer höher, das Kirchengewölbe bricht oben auf, und der klingend leuchtende Teppich wird im Schneien und in der stockdunklen Nacht sichtbar – er steigt und steigt, und auf einmal tut sich rund und große der Himmel über uns auf und zeigt uns in einem kurzen Augenblick seine ganze strahlende, heilige, unermeßliche Pracht.

Wahrscheinlich muß es allen in der Kirche so ergangen sein, weil jeder seltsamerweise sein Gesicht himmelwärts gehoben hat. Wir Kinder haben da unser Frieren vergessen, und die Gesichter der ausgewachsenen Leute um uns herum haben fast wie verklärt ausgeschaut, vielleicht weil sie in den paar Schnauferlängen wirklich bloß noch an unseren großmächtigen, lieben Gott und seinen Himmel gedacht haben…

Ach, und daheim hat es alsdann Leber- und Blutwürste mit Kraut gegeben, und später den schweren Punsch mit Christbaumgebäck, und aufbleiben haben wir dürfen bis lang, lang nach Mitternacht.

Oskar Maria Graf

BACHS PASTORALE

Wenn der Leser das Wort „Pastorale" hört, denkt er unwillkürlich an Beethovens sechste Symphonie, an „heitere Empfindungen auf dem Lande", an Natur, Ferien und Einsamkeit. Das darf er hier nicht. In der alten Musik ist „Pastorale" in streng etymologischem und besonders zugespitztem Sinne zu verstehen, als ein Hirtenstück, und zwar als ein weihnachtliches, als Krippenmusik. Das Bachsche Pastorale ist ein zyklisches Werk, eine kleine Partita. Die beiden Ecksätze stehen in F-dur, der zweite, auf den der erste durch seinen Schluß auf der dritten Stufe (quasi a-moll) vorbereitet, in C-dur, der dritte steht in c-moll. Der erste Satz würde an den elementar „hirtenmäßigen" Intervallen, in denen sich die Melodie gleich zu Anfang bewegt, an den ruhenden Bässen und an der sanften, weihnachtlich anheimelnden Stimmung auch von dem ganz unvorbereiteten Hörer, der weder den Titel noch den Autor ahnt, sofort als das erkannt werden, was er ist. Der zweite Satz, in C-dur, dem merkwürdigsten C-dur, das es gibt, einem ganz zarten verklärten C-dur auf Goldgrund, ist von lichtumflossener Lieblichkeit, ein überirdisches Singen und Klingen. Was aber will das dritte Stück mit seinem düsteren c-moll, mit dem schneidend schmerzlichen Passionscharakter seiner Melodik und Harmonik? Ja, hier tritt der alte Bach selber zur Krippe hin: „Ach Herr und Schöpfer aller Ding', wie bist du worden so gering!" Hier meditiert der große Mystiker über das Geheimnis der Menschwerdung und Erlösung, und auf das liebliche Bild legt sich der Schatten des Kreuzes. (Dieser echt Bachsche Zug offenbart sich auch im Weihnachtsoratorium, beispielsweise dort, wo schon im ersten Teil die Melodie: „O Haupt voll Blut und Wunden" erklingt.) Der Leser sehe sich unser c-moll-Stück recht genau an und bemühe sich, die Melodie mit höchstem Ausdruck, mit äußerster Biegsamkeit der Dynamik und Agogik vorzutragen. Auch möge er sich bewußt bleiben, daß er keine Klavierbearbeitung vor sich hat, sondern das unveränderte Bachsche Original, das rein manualiter gedacht ist. Sollte er sich durch diese Zeilen veranlaßt fühlen, das ganze Bachsche Werk kennenzulernen – es steht im ersten Band der Orgelwerke in der Griepenkerlschen Ausgabe (bei Peters, Leipzig) –, so möchte ich ihn dazu beglückwünschen. Gelegenheit und besonderer Antrieb sind wertvoller als der Besitz von Gesamtausgaben. Nach und nach muß man sich Bachs Werke zusammenkaufen. Alle Monate einen Band der Klavierwerke, einen Band der Orgelwerke und mindestens eine Kantate zu erstehen, ist auch für einen bescheidenen Geldbeutel noch möglich und hat eine Romantik des Ungeahnten und Abenteuerlichen, die der Besitzende gar nicht kennt. Für ihn hat ja Bach schon längst auskomponiert, aber der arme Teufel kann am nächsten Ersten in den Laden gehen und bei sich denken: „Jetzt will ich doch einmal sehen, was der alte Bach wieder Neues geschrieben hat." Und diese Entdeckerfreude, dieses Glück der ersten Begegnung ist doch das Allerschönste.

Alexander Berrsche: Trösterin Musik

SONNTAG „ESTOMIHI", ABENDS

Heute früh sang die Gemeinde „Die güldne Sonne", das schönste geistliche Morgenlied deutscher Sprache, der selten erlaubte Superlativ soll gelten. Ebelings dithyrambischer Melodie entspricht Gerhardts dithyrambischer Text. Ich bekam während des Singens Lust, mir, einen Nachmittag lang, die Reimschemata der vielzeiligen Gerhardt-Strophen genauer anzusehen, die sieben-, neun-, zehn- und zwölf-zeiligen Strophen.

Wie geschieht es, daß man in dieses Lied von der „güldnen Sonne" eintritt wie in ein weiträumiges Kirchenschiff, dessen Fenster im Morgenlicht glühen? Es sind da zwei Kunstgriffe am Werk, beide mit vollkommener Strenge und vollkommener Mühelosigkeit gehandhabt. Es ist gut möglich, daß Gerhardt den themaverwandten Morgensegen des Apelles von Löwenstern gekannt hat, ein leichtgeschwungenes Gebild, beginnend: „Ich sehe mit Wonne, / die güldene Sonne / bricht wieder herein": Lauter halb tanzende Kurzzeilen sind da, und es endet mit einem kleinen, seligen Atemholen: „O Seele, greif zu!" Gerhardt nun, der hier zehnzeilige Strophen dichtet, wechselt die Zeilenlängen. Jeweils in der fünften und der zehnten Zeile rollt sich ein breiter Teppich aus: – „schaue den Himmel mit meinem Gesicht" – „über uns seiner Barmherzigkeit Schein" – „Laß mich auf deinen Geboten bestehn" bis zu dem „dahin sind meine Gedanken gericht't." Das sind die Fundamente, und sie tragen jeweils zweimal vier Kurzzeilen, in denen das Daktylushüpfen („aber nun steh ich" „wann wir uns legen") und die Jambenfestigkeit („mein Haupt und Glieder") kunstgenau sich verschränken.

In dem aus siebenzeiligen Strophen geformten Trost- und Sieglied „Auf den Nebel folgt die Sonn'" ist – recht im Gegensatz zu der fast raffinierten Rhythmik des Morgenlieds – ein Wagnis der Einfalt am Werk. Nach den Kinderreimen der ersten vier Zeilen folgt in den Zeilen 5, 6 und 7 ein dreifacher Reim, und er hört sich an wie drei Hammerschläge der Gewißheit, wie das Credo der Dreifaltigkeit: „Gottes Zeit hält ihren Schritt; / wann die kommt, kommt unsre Bitt / und die Freude reichlich mit." Oder am Schluß: „Wem der Stärkste bei will stehn, wen der Höchste will erhöhn, / kann nicht ganz zugrunde gehn."

Neunzeilig sind die Strophen von „O Jesu Christ, mein schönstes Licht", und hier ist es das Glück der siebenten Zeile, einer Kurzzeile, die sich auf Zeile sechs und neun reimt, das diese Strophen prägt. Sie huscht nur so ins Geflecht herein, diese siebente Zeile, überraschend, ein Überfluß der Innigkeit: „Laß sie sein meine Freud im Leid, / in Schwachheit mein Vermögen, / und wann ich nach vollbrachter Zeit / mich soll zur Ruhe legen, / alsdann laß deine Liebestreu, / Herr Jesu, bei mir stehen, / Luft zuwehen / daß ich getrost und frei / mög in dein Reich eingehen." Vom Sinnzusammenhang her könnte man auf dieses wunderbare „Luft zuwehen" verzichten. Aber man verzichtete damit auf einen Herzschlag der unmittelbaren Gegenwart einer anderen Dimension.

Zuletzt, um dem Scherz, um der Meistersingerpein nicht die Tür zu verschließen: Selten, ganz selten gibt es auch beim großen Paul Gerhardt den „Reim dich oder ich freß dich"-Zwang.

Die großartige Epiphaniasweise des Philipp Nicolai („Wie schön leuchtet der Morgenstern"), bei der Melodie und Text aus einer Hand kamen, – J. S. Bach hat sie mehr als einmal sich zunutze gemacht („Zwingt die Saiten in Cythara", „Von Gott kommt mir ein Freudenschein") – hat in den Zeilen sieben bis zehn zwei überaus heikle Schlagreimpaare, die Nicolai in allen sieben Strophen seines Liedes geglückt sind; erst die glättenden Prälaten-Nachfahren sind – ein, zwei Mal – in die offenstehenden Gruben des Wortgeklingels hineingestolpert.

In Gerhardts Trostlied christlicher Eheleute „Wie schön ists doch, Herr Jesu Christ, / im Stande, da dein Segen ist, / im Stande heilger Ehe", bei dem er diese Morgenstern-Weise im Ohr hat, findet sich eine achte Strophe, die lautet so:

> „Zwar bleibts nicht aus, es kommt ja wohl
> ein Stündlein, da man Leides voll
> die Tränen lässet schießen;
> jedennoch wer sich in Geduld
> ergibt, des Leid wird Gottes Huld
> in großen Freuden schließen.
> Sitze, / schwitze,
> nur ein wenig! Unser König wird behende
> machen, daß die Angst sich wende."

Hier hat nun einmal das Schema über ein großes Talent gesiegt. Der fast nur im Dialekt (sächsisch, schwäbisch) singbare Reim von „König" auf „wenig" ist so erheiternd wie das „sitze", „schwitze". Es ist erlaubt, hier zu lächeln oder zu lachen; aber man kann auch sagen: Wer den „Trostgesang christlicher Eheleute" anstimmt, dem ist es um die redliche Wahrheit zu tun; und ist das „sitze, schwitze" nicht doch ein Stück Wahrheit aus dem Stand der Ehen, die, wie man sagt, im Himmel geschlossen, aber auf Erden geführt werden?

Albrecht Goes: Ein Winter mit Paul Gerhardt

„Nun isst Gottfried ohn' Unterlass"

Mißverständnisse entstehen häufig aus zwei Ursachen: Hörfehler sowie die erheblichen Veränderungen von Sprache, Bedeutung und Zusammenhang, die späteren Generationen den Zugang zu früher entstandenen Texten erschwert oder unmöglich macht. Gerade Kirchenlieder werden bis heute zum großen Teil ohne Hilfe des geschriebenen Textes wahrgenommen. Wer – aus welchen Gründen auch immer – nicht lesen kann, ist zusätzlichen „Gefahren" ausgesetzt, was inzwischen zu einer Reihe höchst amüsanter Lesarten altehrwürdiger Texte geführt hat. Und diejenigen, gerade Kinder, die sich vermittels ihrer Phantasie eben eine eigene Deutung geschaffen haben, wo ihnen andere nicht weiterhalfen, sind in guter Gesellschaft: Schon die Schreiber mittelalterlicher Etymologien klügelten oft so lange an der Bedeutung eines Begriffs herum, bis seine Erklärung ihnen plausibel erschien; oft führte das auf gar nicht so falsche Spuren und manchmal sogar wieder in die Nähe des ursprünglichen Sinns.

Das bekannteste Beispiel solch eigenwilliger Textinterpretation dürfte die geheimnisvolle Figur des „Owie" sein, der – angeregt durch Joseph Mohrs Dichtung *Stille Nacht* – in Personalunion mit Gottes Sohn lachend die Krippe ziert.

Bei einem Gang über den Freiburger Hauptfriedhof (ich war noch Kinderschüler) beeindruckte mich das pompöse Gebäude der Aussegnungshalle im Jugendstil. Auf meine Frage nach dem Zweck dieses Bauwerks erhielt ich von den Erwachsenen nur die knappe Antwort: „In dieser Halle liegen die Toten auf Holz." Unsere Kindergärtnerin hatte uns von den Indianern und den Marterpfählen einerseits, von Leiden und Tod Christi als Marter andererseits erzählt. Beides klang unheilvoll und mußte irgendwie miteinander zu tun haben. Das auffällige Gebäude war also wohl die *Marterhalle*; der Anfang des bekannten Osterliedes konnte nur lauten: *Christ ist erstanden von der Marterhalle.*

Der deutschen Gloria-Übersetzung *Allein Gott in der Höh' sei Ehr'* durch Nikolaus Decius brachte ich später dank fleißiger Bildung folgende „Korrektur" am Ende der ersten Strophe bei. Es heißt dort *All' Fehd' hat nun ein Ende.* Die klein gedruckten Texte im Gesangbuch kann ich aufgrund einer Sehbehinderung in schlecht beleuchteten Kirchen nicht erkennen und bin daher oft der (mangelhaften) Aussprache meiner Mitchristen ausgeliefert. Jahre hindurch habe ich mich gefragt, wer oder was dieser „Al-phet" sein könnte, wohl so etwas wie ein Zwillingsbruder zum „Pro-phet" ...

Eine Neudichtung jener Passage, jedoch mit in sich durchaus schlüssigem Inhalt, ist die Variante, die mir ein Kollege aus seinen Kindertagen berichtete (er entstammte anscheinend einer Familie von Kostverächtern):

Ein Wohlgefallen Gott an uns hat,
nun ißt Gottfried ohn' Unterlaß,
Alfred ist schon am Ende.

Dem Zusammentreffen von Reimzwang und (musikalischer) Betonung ist ein zoologisch noch nicht näher erforschtes Wesen zu verdanken, das in einer Liedweise aus dem 15. Jahrhundert (im *Gotteslob* unter der Nummer 582) ein Schattendasein führt: das *Gnade-Biest*. Philipp von Schönborn unterlegte der dorischen Melodie mit ihren langen Noten am Zeilenende im Zeitalter der Gegenreformation folgenden Text:

O Maria, sei gegrüßt,
die du voller Gnade bist.

Zahlreiche weitere Beispiele ähnlicher „Nebenwirkungen" von geistlichen Texten ließen sich anfügen; bei Anlässen wie Kirchenmusiktagungen sorgen sie für die oft nötige Lockerung. Darüber hinaus lenken sie aber auch mitunter den Blick auf schwer verständliche Wortgruppen, unglücklich gelöste Übersetzungsprobleme etc. und zeugen vom Hör- und Verständniswillen vieler.

Markus Zimmermann

MATTHÄUS-PASSION

Wieder […] füllt ein Massenaufgebot von Sängern das Halbrund des Podiums – der Münchner Lehrergesangverein. Die Herren in Schwarz, die Damen schwarz und weiß. Es ist Palmsonntag – die Matthäuspassion von Bach erklingt traditionsgemäß im Rahmen der Akademiekonzerte.

Josef, der um 4 Jahre ältere Bruder, und ich streben dem Odeon zu, um dort glücklicherweise von einem der vorderen Stehplätze im Seitengang Besitz zu ergreifen. Bei unserer Bachbegeisterung versteht es sich von selbst, daß wir die Aufführung an Hand eines Klavierauszuges gespannt verfolgen. Noch heute legen Bleistifteintragungen aus jener Zeit Zeugnis davon ab, wie wir über die

„Auffassung" der verschiedenen Dirigenten genauestens Buch geführt und damit eine Art Konzertchronik angelegt haben.

Aus dieser Aufführungspraxis unmittelbar vor dem Ersten Weltkrieg sind mir ein paar charakteristische Momente in Erinnerung geblieben, die im Gegensatz stehen zur heutigen Interpretation: Durchgehend breite Tempi; nur Chorlegato; willkürliche Eingriffe und Kürzungen (kein Dakapo in den Arien).

Rückblickend kann man sagen, daß eben damals München, die Wagnerstadt, in der Reihe jener Städte fehlte, die seit 1901 Bachfeste veranstalteten, wie Berlin oder Leipzig.

Ein Hermann Sagerer spielte seine Zyklen von Bachs Orgelwerken in der Lukaskirche vor einem recht spärlichen Publikum (unter Einschluß meiner Wenigkeit). Erst Michael Schneider fand mit seinen Orgelkonzerten auf der Moserorgel in der heute verschwundenen Matthäuskirche in der Sonnenstraße eine breitere, meist aus Studenten bestehende Hörerschaft. Es war jene Epoche der Münchner Musikgeschichte, in der ein Felix Mottl, die Tradition eines Hermann Levi weiterführend, die Akademiekonzerte leitete.

Wer wird es mir übelnehmen, wenn ich heute noch – sollte es jugendliche Schwärmerei sein? – in jeder Matthäuspassion die damals berühmten Träger von Solopartien als Ideal im Ohr habe? Es ging einem eben durch und durch, wenn ein Karl Erb als Evangelist die Reueszene Petri sang: „...und weinete bitterlich." Oder der Abendmahlsbericht, von Paul Bender interpretiert ... Und der samtene Alt von Luise Willer in der Arie „Erbarme dich"!

Eine solche Aufführung mußte wie eine mächtige, tiefe Glocke einen langen Nachklang haben.

Ich muß heute noch jener Lammsgeduld meiner Hausgenossen Bewunderung zollen, mit der sie – Vater korrigierte im Zimmer nebenan, den Federhalter in rote Tinte tauchend, die griechischen Schulaufgaben seiner Oberkläßler – meine armseligen, schier frevelhaften Versuche ertrugen, das Erlebnis des Palmsonntags an Hand des Auszugs und dem Klavier wach zu erhalten. Freilich: Die Originalpassion gab es eben doch nur einmal im Jahr!

Heinrich Wismeyer: Mit allen Registern

OSTERN IM KIRCHENLIED

Den Reigen unserer deutschen Osterlieder eröffnet das *Christ ist erstanden...* Es reicht zurück bis ins 12. Jahrhundert. Schon im 13. Jahrhundert wurde es in unserem Volke allerorts gesungen, es wurde ein rechtes Lieblingslied des Volkes, von dem es schon in den ältesten Gesangbüchern hieß: „Hie jubiliert die ganze Kirch mit schallender hoher Stimm und unsäglicher Freude." Und Luther meinte von ihm: „Alle Lieder singt man sich mit der Zeit müde, aber das ‚Christ ist erstanden' muß man alle Jahre wieder singen." Dieser österliche Triumphgesang gehört zu den ältesten und gewaltigsten deutschen Kirchenliedern, er ist „wie ein Saul unter den Liedern, der um Haupteslänge über alle hinausragt". Schon früh über ganz Deutschland verbreitet, findet es sich in allen gedruckten bischöflichen Agenden erwähnt und war so in der Tat schon seit 600 Jahren „deutsches Einheitslied", gleicherweise beliebt wie im Volk so in den Klöstern der Mönche und auf den Burgen der Ritter...

Zwei kostbare, wenig bekannte Liedperlen aus dem 16. Jahrhundert verdienten allgemein Eingang und Aufnahme in unseren Osterliederschatz: *Gelobt sei Gott im höchsten Thron* und *Erschienen ist der herrlich Tag.*

Das erstere stammt aus Böhmen. *Michael Weiße*, der Schöpfer eines deutschen *Gesangbuches der böhmischen Brüder* (1531), ist sein Verfasser. Es ist ein Lied voll Jubel und Jauchzen ohne Ende, ein Lied von einzigartiger Geschlossenheit, Kraft und Schönheit, das vor allem dann seine ganze Wirkung entfaltet, wenn es nicht strophenweise aufgelöst, sondern in einem Zuge, möglichst abwechselnd von Chor und Gemeinde, gesungen wird:

> *Gelobt sei Gott im höchsten Thron*
> *samt seinem eingebornen Sohn,*
> *der für uns hat genug getan.*
> *Alleluja, Alleluja, Alleluja!*
>
> *Des Morgens früh am dritten Tag,*
> *da noch der Stein am Grabe lag,*

erstand er frei ohn alle Klag.
[Halleluja]

Der Engel sprach: „Nun fürcht' euch nicht,
denn ich weiß wohl, was euch gebricht:
ihr sucht Jesus, den findt ihr nicht.
[Halleluja]

Er ist erstanden von dem Tod,
hat überwunden alle Not.
Kommt, seht, wo er gelegen hat!
[Halleluja]

Nun bitten wir Dich, Jesu Christ,
weil Du vom Tod erstanden bist,
verleihe, was uns heilsam [selig] ist!
[Halleluja]

O mache unser Herz bereit,
damit wir, von der Sünd befreit,
[damit von Sünden wir befreit]
Dir mögen singen allezeit!
[Halleluja]

Die ganz eigenartige, herrliche Melodie stammt von dem Weimarer Stadtkantor *Melchior Vulpius* (1609), dem wir wertvolle Kirchenlied-Vertonungen verdanken: „Wie schwingt sie in majestätisch sieghafter Höhe ihre Flügel, um in großartigem Gleitfluge allmählich niederzugehen: groß, königlich in ihrer Haltung! Zweimal, im Text und im Alleluja, steigt sie so wundersam hernieder!" (Plath).

Das andere Kleinod: *Erschienen ist der herrlich Tag*, hat auch Böhmen zur Heimat, sein Dichter ist *Nikolaus Herman*, ein Lehrer und Kantor von Gottes Gnaden, der noch in seinem hohen Alter, aber mit jungem Herzen und kindlichem Glauben tiefe, lebensfrische Kirchenlieder verfaßte und sie als echter „Dichterkomponist" selbst vertonte. Er schrieb dieses Osterlied „von der fröhlichen Auf-

erstehung unseres Heilands, Jesu Christi für die Jungfräulein in der Mägdlein-
schule in Joachimstal". Der Text ist zwar von ursprünglich 14 auf 5 Strophen
zusammengezogen, aber auch in dieser Konzentration, in der Klarheit und Faß-
lichkeit seiner Bilder und in seiner vom Dichter stammenden mitreißenden
Weise offenbart es seine ganze Siegeskraft: Der Ostertrag ist der herrliche Freu-
dentag, da Christus triumphiert über all seine Feinde:

Erschienen ist der herrlich Tag,
dran niemand genug sich freuen mag:
Christ, unser Herr, heut triumphiert,
all seine Feind gefangen führt.
[sein' Feind' er all gefangen führt]
[Alleluja]

Bernhard Bergmann: Werkbuuch zum deutschen Kirchenlied

NACHT IN OTTOBEUREN

Juli 1937: Jugendführerwoche in Ottobeuren. Generalpräses Wolker hatte seine
Getreuen noch einmal zusammengerufen, bevor das Naziverbot der kirchlichen
Jugendarbeit ein Ende setzte. Jeder Tag schloß mit dem kirchlichen Abendgebet
in der Abteikirche – jeden Tag gab ich dort auf der Riepp-Orgel den musikalischen Ausklang.

Einmal habe ich mich, um die Stücke für den nächsten Abend vorzubereiten,
die halbe Nacht in der Kirche von Ottobeuren einschließen lassen. Als ich die
Register der herrlichen Barockorgel und ihre Mischungen ausprobiere, habe ich
den Eindruck, daß die Orgel in der fast unheimlichen Stille des Raumes wie
verändert klingt. Die Töne, die Akkorde steigen zum Gewölbe, verlieren sich in
den Nischen. Der matte Schein des Ewigen Lichts in der Silberampel im Altarraum hellt ein paar Konturen auf. Sonst lauter Finsternis…

Was in diesen Stunden mein Organistenherz bewegt hat, kann ich nicht in
Worte fassen.

„Ludens coram Deo", so steht es in der Epistel der Marienfeste. Ja, das war das Erlebnis jener Stunden: Jetzt darfst du wirklich einmal *vor Ihm* spielen – und *für Ihn ganz allein.*

Heinrich Wismeyer: Geschichten um die Orgel

Vom Glanz geblendet

[...] Ich bin in einer (zumindest damals) durch und durch katholischen Stadt aufgewachsen, in Konstanz am Bodensee. Unser Elternhaus lag im Schatten des Münsters. Auf dem Gartengrundstück, das zum Haus gehörte, war vor ein paar Jahrhunderten die Domsingschule gelegen. Ein paar Häuser weiter blickte man zum Geburtshaus des Ambrosius Blarer, des Konstanzer Reformators, auf den die Evangelischen besonders stolz waren. Eine kirchengeschichtsträchtige Gegend also, in der ich aufgewachsen bin.

Eines muß man zugeben: Das Verhältnis zwischen den evangelischen und katholischen Christen war recht zwiespältig, um nicht zu sagen: feindselig. So erlebten wir es jedenfalls als Kinder.

Wenn sich am Fronleichnamstag die Blasmusik in dem kleinen Gäßchen, das an unser Haus- und Gartengrundstück grenzte, aufstellte, dann hatten wir Kinder nicht den Mut, aus der Nähe zu besehen, was da Interessantes vorging. Wir guckten allenfalls heimlich über die Gartenmauer und waren dann (zugegeben!) vom Glanz der Blechblasinstrumente – vielleicht auch vom Glanz der katholischen Kirche – wie geblendet.

Martin Gotthard Schneider

12 Kreuzaltar und Heilig-Geist-Orgel mit Chorgestühl der Basilika Ottobeuren

6

Von Kantoren, Kapellen und Kirchenchören

Jubelt dem Herrn, alle Lande

Singet dem Herrn ein neues Lied
Wundertaten hat Er vollbracht.

Seine Rechte hat Ihm den Sieg errungen,
Seines heiligen Armes Kraft.

Der Herr hat Sein Heil offenbar gemacht,
vor den Augen der Heiden Seine Gerechtigkeit kundgetan.

Seiner Güte und Treue war Er gedenk,
Israels Haus zu Gnaden.

Die Enden der Erde alle,
haben das Heil unseres Gottes geschaut.

Jubelt dem Herrn, alle Lande,
freut euch, frohlocket und singt.

Singet dem Herrn zur Zither,
zum Zither- und Harfenklang,
zum Schall der Posaunen und Hörner
jubelt vor unserm König und Herrn.

Psalm 98, 1–6, Übersetzung von Romano Guardini

Ihr Chöre, lobet den Herrn!

Der Chor ist ein einträchtiges Zusammenklingen der Sänger, darunter ist die Gemeinschaft der Engel und Menschen zu verstehen, die in einträchtigem Jubelgesang Gott loben; so lobet denn den Herrn, weil ihr in diesen Chor eintratet und diesen Sängern beigesellt seid.

Lobet ihn mit Saiten und Orgel: Saiten sind gedörrte, gespannte, wohlklingende Tierdärme, sie bezeichnen die verinnerlichten, durch Nachtwachen und Fasten ausgedörrten, durch heiligmäßige Meditation ausgespannten, die übersüße Melodie reinen Gewissens zum Ertönen bringenden Gedanken der Gerechten. Die Orgel mit ihren verschiedenen, miteinander in einmütiger Tonfolge konsonierenden Pfeifen bezeichnet die verschiedenen, in einmütiger Liebe untereinander nicht dissonierenden Taten der Heiligen.

Lobet den Herrn mit Saiten, das heißt: für heiligmäßige, gleich Saiten süßtönende Gedanken. Lobet den Herrn auf der Orgel, das heißt: für gute, gleich Orgeln süß erdröhnende Taten.

Lobet Ihn mit wohltönenden Cymbeln: die Cymbeln glänzen und klingen, nachdem sie in der Flamme geschmolzen wurden. Sie bezeichnen die Leiber der Heiligen, die, wenn sie hier das Feuer der Drangsal durchschritten haben, gleich der Sonne erstrahlen und das Lob Gottes ertönen lassen.

Mit solchen Cymbeln, das heißt: mit den verherrlichten Leibern der Heiligen lobet den Herrn, mit solchen Cymbeln des Jubels, das heißt: mit den gerechtfertigten Seelen. Denn Jubel ist unsägliches Lob Gottes, das nur durch die Seele dargebracht werden kann.

Honorius Augustodunensis: Psalmenauslegung

13 Musikempore an der Westwand der Kirche von Sémure-en-Brionnais/Burgund

DIE SÄNGERSCHULE VON ST. GALLEN

Da ertönten nun alltäglich in mannigfacher und genau geordneter Abwechslung die ehrwürdigen Weisen der alten Psalmodie. Da eröffnete in mitternächtiger Stunde der Feierklang des Invitatoriums „Venite, exultemus Domino" den Dienst der Nachtvigilien. Da wechselten die ausgedehnten, fast trauernden Melodien der Responsorien mit dem einförmigen Vortrag der Lektionen. Da widerhallten in den Räumen des Tempels an Sonn- und Festtagen am Schluß des nächtlichen Gottesdienstes die erhebenden Klänge des Ambrosianischen Lobgesanges. Da begannen mit der aufsteigenden Morgenröte die Gesänge des Morgenlobs, aus Psalmen und Antiphonen, Hymnen und Gebeten bestehend. Ihnen folgten in abgemessener Unterbrechung die übrigen kanonischen Tageszeiten. Da ward das Volk täglich durch den Introitus-Gesang zur Teilnahme an den heiligen Mysterien eingeladen. Da hörte es in lautloser Stille die um Erbarmung rufenden Töne des Kyrie. Da vernahm es beim Graduale die Melodien der Sequenzen, die in hochjubelnden Wechselchören die damaligen Festtage verherrlichten. Da fühlte es sich beim Sanctus hingerissen in das Lob des Dreimalheiligen einzustimmen und die Erbarmung jenes göttlichen Lammes anzuflehen.

P. Anselm Schubiger: Die Sängerschule St. Gallens vom 8.-12. Jahrhundert

DER KANZLER DER PARISER UNIVERSITÄT GERSON IN DEN BESTIMMUNGEN ÜBER DIE SÄNGERSCHULE VON NOTRE DAME (UM 1400)

Die Knaben sollen den Sinn der Engel haben, weil sie für die Kathedrale den Dienst der Engel darstellen. – Worte, deren Sinn man nicht versteht, kann man nicht seelenvoll vortragen.

Hermann Unger: Lebendige Musik in zwei Jahrtausenden

Die Kurrende

In meinem Tagebuche habe ich öfter Gelegenheit gehabt, der Singschüler zu erwähnen, welche man an etlichen Örtern auch Armschüler nennt; und während meines Aufenthaltes zu Dresden zog ich so viel Nachricht ein, als ich von dem Ursprunge dieses Instituts nur immer erhalten konnte; und folgendes ist das Resultat von meinen Nachforschungen.

Als die römisch-katholische Religion noch die einzige in Deutschland war, nahmen die Geistlichen, welche den Gottesdienst in den Haupt- und Nebenkirchen versahen, Knaben, welche gute Stimmen hatten, aufs Chor, um einen Teil des Gottesdienstes abzusingen, ungefähr wie die Choristen in den englischen Hauptkirchen noch tun. Für diesen Dienst wurden die Knaben von der Geistlichkeit erzogen und unterhalten, und solche unter ihnen, welche Fähigkeiten zum Lernen zeigten, wurden zum geistlichen Stande vorbereitet.

Nachdem bei Gelegenheit der Reformation die Bistümer und Abteien säkularisiert worden und die Kirchen einen großen Teil ihrer Einkünfte verloren, büßten auch die Singknaben das einzige Mittel ein, das sie hatten, sich durchzuhelfen. Allein die Geistlichen der neu eingeführten Religion waren bald darauf bedacht, diese Stimmen anzuwenden, und ließen sie solche geistlichen Lieder auf den Gassen absingen, in welchen die Lehrsätze der römisch-katholischen Religion bestritten, und solche, die sie selbst zu predigen angefangen hatten, unterstützt wurden. Ein wohlgewähltes Mittel, dem Volke die Reformation nach und nach bekannter und beliebter zu machen.

Es ist eine allgemein angenommene Meinung, daß diese Schüler oder Singknaben ein Großes zu der schnellen Ausbreitung der Lehre Luthers in Sachsen getan haben. Und weil keine feste Fundation für den beständigen Unterhalt dieser Sänger vorhanden war, so entschlossen sich solche Familien, die die Reformation begünstigten, das Ihrige durch freiwillige Gaben dazu beizutragen; und diese Beiträge vermehrten sich, als das ganze Land protestantisch ward. Die Regeln, welche diesen Chorschülern vorgeschrieben sind, bestehen in folgenden: Die Stadt ist in verschiedene Weichbilder oder Kirchspiele geteilt; wenn sie z. E. den Ersten des Monats anfangen, vor den Türen des vornehmsten Weichbildes zu singen, so kommen sie den Zweiten vor die Türen der folgenden und so fort, bis sie in allen rund sind und wieder beim ersten anfangen.

Außer dieser gewöhnlichen Reihe ist es in den vornehmen und angesehenen bürgerlichen Häusern, welche einen großen Schein von Andacht lieben, der Gebrauch, daß sie diese Schüler bestellen, ein- oder zweimal in der Woche vor ihre Tür zu kommen und zu singen, wofür sie außerordentlich bezahlen; und ob diese Bezahlung gleich in ihrem Belieben steht, so ist sie doch so weit bestimmt, daß niemand unter zwei gute Groschen für jeden Gesang, den er singen läßt, geben darf. Einige Familien lassen sich auch an ihren Geburtstägen und bei andern freudigen Begebenheiten muntere Oden und Lieder vorsingen; oft singen sie auch des Abends mit Fackeln in der Hand bei den Begräbnissen reicher Leute vor den Häusern, worin die Leich ist, Trauerlieder und begleiten den Sarg bis zum Grabe, wobei sie, gleich den Klageweibern bei den Alten, *Nänien* singen.

Es ist dabei anzumerken, daß sie, außer der sauren Arbeit, die sie Sommer und Winter in allerlei Witterung auf den Gassen verrichten, auch noch alle Sonn- und Festtage in den verschiedenen Kirchen singen müssen. Sie sind gewöhnlicherweise in Chöre von sechzehn oder achtzehn eingeteilt, und was sie die ganze Woche durch sammlen, wird in eine allgemeine Büchse gesteckt, welche der Rektor der Schule alle Sonnabende öffnet, einem jeden seinen bestimmten notdürftigen Unterhalt reicht und was übrigbleibt nach ihrem verhältnismäßigen musikalischen Verdienste unter sie verteilt; denn wenn z. E. der Anführer oder sogenannte Präfekt eines Chores einen Reichstaler erhält, so bekömmt der nächst ihm folgende beste Sänge einen Gulden usf. Dieses Geld bekommen sie indessen nicht gleich in die Hände, sondern der Rektor hebt es ihnen auf, bis sie ihre Schuljahre zurückgelegt haben, da ihnen dann zu ihrem weiteren Fortkommen gereicht wird, was für sie zusammengespart ist.

Diejenigen darunter, welche ein wenig Griechisch und Latein gelernt haben, werden gemeiniglich Schulmeister in den verschiedenen Kirchspielen durch Sachsen; sie müssen aber auch die Orgel spielen können, weil auch die kleinste Pfarrkirche in Sachsen ihre Orgel und auch ein Chor andrer Instrumente hat, die zu ihren Kirchenmusiken gebraucht werden.

Solche Armenschüler, welche Genie und Neigung zum Studieren haben, finden dazu in Leipzig und Wittenberg vermittelst gestifteter Freitische und andrer Beihülfe Gelegenheit, ohne ihren Anverwandten zur Last zu fallen. Diese beiden Universitäten haben an diesen armen Studenten gewöhnlich über dreihundert, unter welchen manche sehr brauchbare und nützliche Gelehrte werden, viele aber auch sich besonders auf die Musik legen und daraus ihre ordentliche Profession machen.

Charles Burney: Reisetagebuch (1773)

Martin Luther über die Kurrende

Verachte mir einer solche Gesellen nicht: ich bin auch ein solcher gewesen. Das sind die rechten, die in geflickten Mänteln und Schuhen gehen und das liebe Brot vor den Türen sammeln. Das werden oft die besten, gelehrtesten und vernehmsten Leute. O verzagt nicht, ihr guten Gesellen, die ihr jetzt in der Kurrende geht, andern famulieret und mit im Chor seid. Manchem unter euch ist ein Glück beschert, das ihr jetzt noch nicht denkt. Allein seid fromm und fleißig.

Hermann Unger: Lebendige Musik in zwei Jahrtausenden

Bach in engerer Wahl für die Besetzung des Thomaskantorats

Leipzig, 9. 4. 1723

IV. Auf den man bey dem *Cantorat reflexion* genommen, nemlich Graupnern, könne seine *dimißion* nicht erhalten, der Landgraff zu Hessen Darmstadt wolle ihn schlechterdings nicht *dimittieren*, sonst sey in Vorschlag der Capellmeister zu cöthen Bach, Kauffmann zu Merseburg und Schotte alhier kommen; aber alle 3. würden zugleich nicht *informieren* (unterrichten) können, bey Teleman habe man schon auf die Theilung *reflectiret*.
Herr Appellat. Rath Plaz.

Das letztere finde Er aus erheblichen Ursachen vor bedenklich, da man nun die besten nicht bekommen könne, müße man mittlere nehmen, es sey von einem zu Pirna ehmals viel gutes gesprochen vorden …

Bach-Dokumente, II, 127

Einteilung des Thomanerchores in vier Chöre

Leipzig, vor dem 18. 5. 1729

In die Kirche zu *S. Nicolai* als Zum ersten *Chor* gehören.	Zu *S. Thomae* als Zum 2. *Chor.*
3 *Discantisten*	3 *Discantisten*
3 *Altisten*	3 *Altisten*
3 *Tenoristen*	3 *Tenoristen*
3 *Bassisten*	3 *Bassisten*

Zur neuen Kirche als Zum 3 Chor	zum 4. Chor
3 *Discantisten*	2 *Sopranisten*
3 *Altisten*	2 *Altisten*
3 *Tenoristen*	2 *Tenoristen*
3 *Bassisten*	2 *Bassisten etc.*

Und dieser letztere *Chor* muß auch die Petri Kirche besorgen etc.

Bach-Dokumente I, S.180

Aus Bachs Denkschrift an den Leipziger Rat (1730)

... Hiernechst kan nicht unberühret bleiben, daß durch bißherige *reception* so vieler untüchtiger und zur *music* sich gar nicht schickenden Knaben, die *Music* nothwendig sich hat vergeringern und ins abnehmen gerathen müßen. Denn es gar wohl zu begreifen, daß ein Knabe, so gar nichts von der *Music* weiß, ja nicht ein mahl eine *secundam* im Halse *formiren* kan, auch kein *musicalisch naturel* haben könne; *consequenter* niemahlen zur *Music* zu gebrauchen sey. Und die jenigen, so zwar einige *principia* mit auf die Schule bringen, doch nicht so gleich, als es wohl erfordert wird, zu gebrauchen seyn. Denn da es keine Zeit leiden will, solche erstlich Jährlich zu *informiren*, biß sie geschickt sind zum Gebrauch, sondern so bald sie zur *reception* gelangen, werden sie mit in die *Chöre* vertheilet, und müßen wenigstens *tact* und *ton*feste seyn üm beym Gottesdienste gebraucht werden zu können. Wenn nun alljährlich einige von denen, so *in musicis* was gethan haben, von der Schule ziehen, und deren Stellen mit andern ersetzet werden, so einestheils noch nicht zu gebrauchen sind, mehrentheils aber gar nichts können, so ist leicht zu schließen, daß der *Chorus musicus* sich vergeringern müße.

Es ist ja *notorisch*, daß meine Herrn *Praeanteceßores*, Schell und Kuhnau, sich schon der Beyhülffe derer Herrn *Studiosorum* bedienen müßen, wenn sie eine vollständige und wohllautende *Music* haben *produciren* wollen; welches sie dann auch in so weit haben *praestiren* können da so wohl einige *vocalisten*, als: *Baßist, u. Tenorist*, ja auch *Altist*, als auch *Instrumentisten*, besonders 2 *Violisten* von E. Hochedlen und Hochweisen Raht *a parte* sind mit *stipendiis* begnadiget, mithin zur Verstärckung derer Kirchen *Musiquen animiret* worden.

Da nun aber der itzige *status musices* gantz anders weder ehedem beschaffen, die Kunst um sehr viel gestiegen, der *gusto* sich verwunderens-würdig geändert, dahero auch die ehemalige Arth von *Music* unseren Ohren nicht mehr klingen will, und mann üm so mehr einer erklecklichen Beyhülffe benöthiget ist, damit solche *subjecta choiset* und bestellet werden können, so den itzigen *musicalischen* gustum *assequiren*, die neüen Arthen der *Music* bestreiten, mithin im Stande seyn können, dem *Compositori* und deßen Arbeit *satisfaction* zu geben, hat man die

wenigen *beneficia*, so ehe hätten sollen vermehret als veringert werden, dem *Choro Musico* gar entzogen. Es ist ohne dem etwas Wunderliches, da man von denen teütschen *Musicis praetendiret*, Sie sollen *capable* seyn, allerhand Arthen von *Music*, sie komme nun aus *Italien* oder Franckreich, *Engeland* oder Pohlen, so fort *ex tempore zu musiciren*, wie es etwa die jenigen *Virtuosen*, vor die es geset-zet ist, und welche es lange vorhero *studiret* ja fast auswendig können, überdem auch *quod notandum* in schweren Solde stehen, deren Müh und Fleiß mithin reichlich belohnet wird, *praestiren* können; man solches doch nicht *considerieren* will, sondern läßet Sie ihrer eigenen Sorge über, da denn mancher vor Sorgen der Nahrung nicht dahin dencken kan, üm sich zu *perfectioniren*, noch weniger zu *distinguiren*. Mit einem *exempel* diesen Satz zu erweisen, darff man nur nach Dreßden gehen, und sehen, wie daselbst von Königlicher Majestät die *Musici sa-lariret* werden; Es kan nicht fehlen, da denen *Musicis* die Sorge der Nahrung be-nommen wird, der *chagrin* nachbleibet, auch überdem iede Persohn nur ein eintziges *Instrument* zu *excoliren* hat, es muß was treffliches und *excellentes* zu hören seyn. Der Schluß ist demnach leicht zu finden, daß bey *ceßirenden* benefi-ciis mir die Kräfte benommen werden, die *Music* in beßeren Stand zu setzen ...
Joh: Seb: Bach, Director Musices

Bach-Dokumente, I, 22

Chor und Kirchenarchitektur

Der einstimmige Gregorianische Choral war die einzige Kirchenmusik bis ins hohe Mittelalter. Er ist hauptsächlich Chorgesang. Der Chor aber war die im Altarraum um Bischof oder Papst versammelte Priesterschaft, in den Klöstern die Mönchsgemeinde, in der man das irdische Abbild der Engelchöre der himmlischen Liturgie erblickte. Die Aufteilung in zwei Chorhälften im Chorge-stühl ermöglichte das antiphonische, oder wie wir heute sagen, das dialogische Singen sinnvoll und sichtbar, das ja der Choral in der Hauptsache ist. Kantor, Lektor und Schola waren ideal der Gemeinde zugeordnet, die ganze singende Gemeinde dem Altar. Soweit im Kirchenschiff gläubiges Volk zugegen war, konnte es mühelos durch seine Akklamationen in den Dialog zwischen Altar und Chor mit einbezogen werden. Man kann sagen, in den romanischen und gotischen Kirchen war die Kirchenmusik in der Raumgestaltung voll integriert.

Anders wurde das mit Aufkommen und Entfaltung der mehrstimmigen Chormusik und vor allem mit der Hereinnahme der Orgel in die Kirche. Die Aufstellung der Orgel und anderer Instrumente in den bisherigen Kirchen machte offensichtlich Schwierigkeiten, wie auch deren Zuordnung zum Sängerchor. Erst im barocken Kirchenraum, mit dem Einbau der Westempore scheint mir das Problem gelöst.

Nun kann sich die Orgel nach äußerer Gestalt und klanglichem Aufbau reich entfalten und wird gleichsam zu einem Gegenstück des prachtvollen Hochaltars. Orgel, Chor und Instrumente sind wieder aufs beste einander zugeordnet, eine unerläßliche Voraussetzung guten Musizierens, das die reiche Kirchenmusik der Wiener Klassik erst möglich macht.

Durch das Versetzen der Sänger und Instrumentalisten vom Boden des Kirchenschiffes oder Altarraums auf die Höhe der Empore wird durch die bessere Akustik der ganze Raum mit Musik erfüllt und durchdrungen. Die direkte Ausrichtung des Sängerchores auf den Altar tritt nun in den Dialog mit dem Priester in der Weise, daß sozusagen die damals hauptsächlich hörende Gemeinde von hinten her in diesen Dialog mit hineingenommen und zum Altar, vorgetragen wird. Freilich, die volle sakramentale Teilnahme der Sänger und Musiker an der Eucharistie, wie sie heute vom II. Vatikanum gefordert wird, ist sehr erschwert, wenn nicht in der Regel unmöglich gemacht. Das andere: die Gemeinde hört die Musik jetzt nicht mehr von vorne, sondern von hinten her, was fürs Musikhören eigentlich ungewöhnlich ist.

Franz Fleckenstein: Gott loben, das ist unser Amt

14 Barocke Chor-/Kanzelorgel in der Stiftskirche Zwettl/Niederösterreich

15 Zeitgenössische Orgel in der Dreifaltigkeitskirche des Bergklosters Bestwig/Sauerland, 1973

Kapellknabe und Musikant

Mit fünf anderen Knaben seines Alters – sein Bruder Michael, der spätere Salzburger Kirchenkomponist von großer Bedeutung, zählte seit 1745 zu ihnen – lebte Haydn nun fast volle zehn Jahre in der „Cantorei" im Schatten des Stephansdomes. Die Kapelle umfaßte außer den sechs Knaben sechs Männerstimmen und dreizehn Orchestermitglieder. Der Kapellmeister hatte die übliche Kantorsarbeit zu verrichten, den laufenden Bedarf an Kirchenmusik zu befriedigen, die Werke einzuüben und aufzuführen.

Georg Carl Reuter genoß als Komponist einiges Ansehen. Er hätte sich darüber hinaus noch mit der Unterweisung seiner Sängerknaben befassen müssen. Dafür und für den Unterhalt der Zöglinge bezog er jährlich 1.200 fl. Es scheint, daß er es mit dem Geld nicht so genau nahm, die Knaben litten jedenfalls an immerwährendem Hunger.

Johannes Ebert: Joseph Haydn

Kanzelprediger und Dorfkantor

Mein Vater war der Sohn des Rektors Johann Richter in Neustadt am Kulm. Man weiß nichts von diesem als daß er im höchsten Grade arm und fromm war. Kommt einer von seinen zwei noch übrigen Enkeln nach Neustadt, so empfangen ihn (die) Neustädter mit dankbarer Freude und Liebe, alte erzählen, wie gewissenhaft und strenge sein Leben und sein Unterricht gewesen und doch wie heiter beide. Noch zeigt man ein Bänkchen hinter der Orgel, wo er jeden Sonntag betend gekniet; (und) eine Höhle, die er sich selber in den sogenannten kleinen Culm gemacht, um darin zu beten, und welche nach den Fernen offenstand, in welchen sein feuriger Sohn – obgleich nur für ihn zu feurig – mit den Musen und der Penia spielte. Die Abenddämmerung war eine tägliche Herbstzeit für ihn, worin er einige dunkle Stunden in der ärmlichen Schulstube auf- und abgehend, die Ernte des Tages und die Aussaat für den Morgen unter Gebeten überschlug. Sein Schulhaus war ein Gefängnis, zwar nicht bei Wasser und Brot, aber doch bei Bier und Brot; denn viel mehr als beide – und etwa frömmste Zufriedenheit dazu – warf ein Rektorat nicht ab, das obwohl vereinigt mit der Kantor- und Organistenstelle, doch dieser Löwengesellschaft von 3 Ämtern ungeachtet nicht mehr abwarf als 150 Gulden jährlich. Und an dieser gewöhnlichen baireuthischen Hungerquelle für Schulleute stand der Mann 35 Jahre lang und schöpfte...

Nur einen einzigen Fehlentschluß meines Vaters könnte man vielleicht auf die Rechnung der Dürftigkeit setzen, daß er nämlich anstatt sein ganzes musikalisches Herz der Tonmuse zu geloben, wie ein Mönch (sich) dem Predigtamte hingab und daß (er) sein Ton-Genie in eine Dorfkirche begraben ließ. Freilich war damals – zumal nach der Meinung bürgerlicher Schwiegereltern – das Kirchenschiff das Proviant- und Luftschiff und der dürftige Musensohn suchte in den Kanzelhafen einzulaufen. Aber wer eine nicht von Bedürfnissen und Abrichtungen aufgedrungene mit ihm aufgewachsene Deklination und Inklination seiner Magnetnadel in sich fühlt: der folge ihrer Weisung getrost als einer Nadel durch die Wüste hin. Hätte gegenwärtiger Professor der eignen Geschichte seinen Vater, wie dieser er selber begehrte, nachgeahmt: so hielte er jetzo statt dieser Vorlesungen heilige Amtreden, sowohl Kausal- als andere Reden und etwan im „allgemeinen Magazin für Prediger" dürft' er stehen, nur leider dasselbe über Gebühr anschwellend.

Aber mein Vater wurde im Grunde weder sich noch der Ton-Muse untreu. Besuchte sie ihn denn nicht als alte Geliebte im Nonnengewande der heiligen Jungfrau und brachte ihm im einsamen tonlosen Pfarrdorf Joditz jede Woche Kirchenmusiken mit? – Und auf der anderen Seite wohnte noch eine andere Kraft neben seiner musikalischen in ihm und suchte ihren Spielraum, die Kanzel; denn wenn gewöhnlich der große Tonkünstler nach einer alten Bemerkung nur das sinnliche Trinken und nach Lavater das sinnliche Essen sucht und so der Kapellmeister als sein Selbkellermeister und als sein Selbspeisemeister erscheint: so hört man eben nicht, daß sie besondere Kanzelredner dabei waren. Beredsamkeit, die prosaische Wand- und Türnachbarn in der Poesie, wohnte im Predigerherzen meines Vaters; und dieselben Sonnenstrahlen des Genius, die am Morgen seines Lebens in ihn wie in einem Memnons-Bild Wohllaute veckte(n), wurden später auf der Kanzel warmes Licht und endlich der Donner der Gesetzpredigten.

Jean Paul: Selberlebensbeschreibung

Vom Lachen und Weinen

Schallplattenaufnahmen im Herkulessal der Münchner Residenz zur Nachtzeit. Bach-Chor und Bach-Orchester unter Karl Richter musizieren die Trauerode von Heinrich Schütz. Der Domorganist als Continuospieler an einem pedallosen Orgelpositiv. Einleitungsnummer: Tenorsolo und Orgel.

Um Wind für meinen ersten Akkord zu haben (der Laie sagt fälschlicherweise „Luft"), trete ich vorher die Fußbälge. Der Tenorsolist, mit dem Soloquartett auf erhöhtem Standpunkt postiert, setzt mit dem Text aus dem Buch Job ein:

„Nackend bin ich aus meiner Mutter Schoß hervorgegangen…"

Der Tonmeister bricht nach ein paar Takten ab. Man stellt fest, daß der Windvorrat der Orgel bei eingeschalteten Registern durch langsames Entweichen ein leises, pfeifendes Geräusch verursacht. Es wiederholt sich mehrere Male das Wechselspiel: Solistenauftakt mit Orgel – Aufleuchten der Unterbrechungslampe – Stimme des Tonmeisters aus dem Lautsprecher: „Immer noch Windgeräusch!" – Pause – „Bitte von vorn! Band läuft!"

Und so noch ein paar Mal.

Dann mußte es ja kommen: Wen kitzelt es bei aller Ehrfurcht vor dem Buch Job und bei aller Verehrung für den Meister Heinrich Schütz nicht irgendwo hinten im Hals, wenn ein Mann, der – wenn auch nicht gerade im Konzertfrack, so doch immerhin gut angezogen – immer wieder in den Saal hineinsingt, daß er nackend sei? Schon hebt irgendwo in den Reihen der Sopranistinnen ein leises Kichern an; bald spüren auch andere für Humor empfängliche Chorleute die Komik der Situation. Bis schließlich ein paar Unbeherrschte laut mit dem Lachen herausplatzen.

Als schließlich der bedauernswerte Tenorist zum xten Mal mit seiner offensichtlich unglaubhaften Bibelstelle einsetzen will und dabei – selbst vom Lachen angesteckt – nur mehr die erste Silbe „Na ..." des Unglückswortes „Nackend" über die Lippen bringt, da mischt sich in das schallende Gelächter des sonst so disziplinierten Bach-Chors Händeklatschen und Füßetrampeln. Einfach nichts zu machen!

Karl Richter beugt sich um des lieben Friedens willen vor der Aussichtslosigkeit der Lage und – was konnte er denn schon anderes tun? – fährt mit der Plattenaufnahme bei Nr. 2 fort.

Die Nacht geht schon langsam in den Morgen über, als am Ende der Aufnahme das einleitende Tenorsolo wieder aufgegriffen wird. Alle Mitwirkenden hat unterdessen der Ernst und die Würde der Schützschen Trauerode so in ihren Bann gezogen, daß es keiner Mahnung zur Selbstbeherrschung seitens des Dirigenten mehr bedarf.

Bis dahin ist es unter Mithilfe eines Intonateurs der Firma, von der das Positiv stammte, gelungen, durch eine raffinierte Art des Bälgetretens das Windgeräusch auf ein Minimum zu reduzieren, so daß auch der Tonmeisteer, dessen Ohren das Gras wachsen hören, keinen Einwand mehr macht.

Und hier das weinerliche Gegenteil:

Am Orte einer Dekanats-Konferenz, die ich für Organisten abhalte, befindet sich ein Knabeninternat. Der geistliche Direktor dieses Instituts, der sich gern seiner in Rom erfolgten kirchenmusikalischen Ausbildung rühmt, lädt mich ein, nach Beendigung der Konferenz in sein Haus zu kommen und einer Choralprobe mit den Buben beizuwohnen. Mein Urteil über seine Methode würde ihn interessieren.

Man übt also für den nächsten Sonntag das lateinische Graduale nebst Alleluja. Um dem langen Jubilus auf der Silbe „ja" von Alleluja bei den Choralbuben die rechte Vokalfärbung zu geben, erklärt der Magister, man müsse bei diesem A den Mund wie beim Gähnen in die Breite ziehen, noch besser: man bemühe sich um eine lächelnde Mundstellung.

Dieser Hinweis wird sogleich in die Tat umgesetzt. Immer wieder und immer lauter singen die Buben die langgezogenen Melismen auf den ominösen Vokal A. Mit dem Erfolg noch nicht recht zufrieden, geht der Chorallehrer zur Abhörkontrolle zwischen den Reihen der Sänger auf und ab. Erbost darüber, daß längst noch nicht alle seinen Rat befolgen, schreit er, mit der Hand wie zu einer Ohrfeige ausholend, die armen Knäblein an:

„Lächelnde Mundstellung – lächelnde Mundstellung!"

Verschüchtert und vor Angst dem Weinen nahe, versuchen die Opfer dieser Methode zu lächeln – und dabei kullern die Tränen über die Bubenwangen.

Lache, Bajazzo!

(Ich weiß heute nicht mehr zu sagen, wie ich mich, nach meinem Urteil befragt, aus der Affäre gezogen habe, ohne ein Heuchler zu sein.)

Einschlägig in das Kapitel „Weinerlichkeit und Rührung" ist auch all das, was sich hinter der Überschrift „Musik zur Hochzeit" verbirgt. Ist es doch zweifellos das Verlangen nach Stimmungsmache, wenn Brautleute für ihre Hochzeit an den Organisten immer wieder das Ansuchen stellen, er möge das Lied „So nimm denn meine Hände" wenigstens andeutungsweise erklingen lassen.

Während die eben erwähnte Braut sich mit dem Spitzentüchlein die Tränen abwischt, kann ich ruhig davon berichten, daß auch mir als gewachsenem Mannsbild beim Musikmachen manchmal das Weinen näher stand als das Lachen.

Daran ist das als Orgelersatz dienende Instrument schuld, das schon durch die Art der Winderzeugung mit den Tretbälgen leicht etwas Schluchzendes an sich hat: Das Harmonium, das von mir häufig mit dem Spitznamen „Wimmerkiste", „Seufzerkasten" belegt wird.

Hatte also etwa jener Musikus recht, der einmal gesagt hat, er müsse beim Anhören eines Harmoniums unwillkürlich an die herzbewegenden Lieder der Heilsarmee-Mädchen denken?

Mir ging es ähnlich: Nach meinem Hochschulexamen 1924 hatte ich nichts Eiligeres zu tun, als mich von meinem Übungs-Pedalharmonium auf Klavichord und Cembalo umzustellen, obwohl das besagte Harmonium ein Erinnerungsstück an die Kardinal-Faulhaber-Dollarspende Freising 1922 war.

Es war kein Wimmer-Harmonium, sondern eine Kleinausgabe der Pfeifen-orgel, an der ich während des Wiederaufbaues unseres Doms und bis zur Voll-endeung der neuen Domorgel zu werken hatte. Dennoch kam ich mir damals so erbärmlich vor, daß mich das Mitleid mit mir selber, dem Ärmsten aller Tröpfe, zu Tränen rührte, wenn ich zum feierlichen Einzug des Kardinals – damals noch mit der langen roten Schleppe – mit dem armseligen, schier lächerlichen, aus ganzen fünf Registern bestehenden „Plenum" pflichtgemäß „festlich" zu präludieren hatte.

Ein andermal war das traurige Drum und Dran der gottesdienstlichen Situation schuld, an meiner depressiven Stimmung.

Eines schönen Tages – es war vor der Hitlerzeit – ersucht mich ein in meiner Nachbarschaft wohnender Gefängnisgeistlicher, in der Strafanstalt zur Christ-mette Harmonium zu spielen. Ein gerade „einsitzender" Opernsänger würde dabei ein paar passende Lieder singen.

Als Gottesdienstraum dient, ohne jeglichen Weihnachtsschmuck, der Licht-hof des Gefängnisses, der in mehreren Stockwerken von den Rängen umsäumt ist. Die Sträflinge in ihren gestreiften Kitteln werden hereingeführt; jeder trägt seinen Hocker als Sitzgelegenheit. An den Enden jeder Stuhlreihe ein Aufseher in der grünen Uniform.

Zur Vormesse Liedeinlagen des Sträflingssängers, der eine prachtvolle Bari-tonstimme hat.

Als dann der Geistliche in seinen Weihnachtsgedanken auf die Lieben daheim zu sprechen kommt, ist die allgemeine Gemütsbewegung fast körperlich zu spüren.

Im Anschluß an die Predigt will der Sänger die Urweihnachtsweise „Stille Nacht" vortragen. Er verliert die Fassung, die Stimme bricht ihm – er kann nicht mehr.

Ich spiele das Lied auf dem Harmonium weiter, während auch mir die Augen überlaufen. Es war einfach zum Heulen traurig...

Heinrich Wismeyer: Mit allen Registern

Das trauernde Schlagzeug

Das Harmonium als Orgelersatz – an Übernamen wären noch „Halleluja-Kommode" und „Psalmenpumpe" hinzuzufügen – wurde im Zuge technischen Fortschrittes in einigen Filialkirchen und Aussegnungshallen durch ein anderes, nicht weniger verhängnisvolles „-ium" ersetzt: das Elektrium hielt ab den 60er Jahren in zahlreichen, nicht allzu oft bewirtschafteten Andachtsräumen Einzug.

Während meiner Gymnasialzeit in den 70er Jahren hatte ich als einziger nachmittags verfügbarer Organist öfters die Aussegnungsfeiern auf dem Friedhof einer durch und durch katholischen Kleinstadt in Süddeutschland musikalisch zu umrahmen. Das altersschwache Harmonium hatte in der kalten und feuchten Lokalität wenigstens den Vorteil, daß durch den erheblichen Bewegungsaufwand zur ausreichenden Winderzeugung zumindest ein Teil der Extremitäten im Winter nicht ganz erkaltete. Diese Durchblutungsübung sollte jedoch entfallen, als mir der Stadtpfarrer den seiner Meinung nach günstigen Erwerb eines „neumodischen elektronischen Instruments" vermeldete.

Nach einem langen Schulvormittag wurde ich wieder einmal in die Leichenhalle gerufen, und da stand nun das neue, mit viel Chrom und Lack versehene Wunderding diskret hinter den Grünkübeln. Wie immer war die Zeit knapp – auf der anderen Seite der Halbrundmangrove wartete schon der Stadtpfarrer mit zwei kichernden Ministranten. Aus dem Raum der Trauergemeinde verstummte das Rosenkranzgebet –, hie und da ein Schneuzen oder Schluchzen … Angesichts der verkürzten Pedalklaviatur, versetzter Manuale und einiger sehr merkwürdiger Regler ahnte ich schon Übles, doch konnte ich die winzigen englischen Beschriftungen im Dämmerlicht nicht entziffern. Also: Stecker hinein, Hauptschalter an und einige vermeintliche Registerwippen gedrückt, vorsichtshalber den Schweller nur zaghaft öffnen… Der Einzug beginnt, und außer der schauerlich tremulierenden Melodie „Wir sind nur Gast auf Erden" löste sich mit dem ersten Tastendruck ein rasanter Schlagzeugrhythmus aus! Die unfreiwillige Zugabe war nicht so leicht zu bändigen, denn einmal in Gang gesetzt fand die Automatik nur durch Unterbrechen der Stromzufuhr ein Ende, so daß die höchstwahrscheinlich entsetzte Trauergemeinde samt Altardienst einige

Takte lautstarker Stimmungsmache ertragen mußte. Wie verläßlich ist doch gegen solche Eigendynamik das gute, alte Harmonium...

Markus ZImmermann

Aufgaben des Kirchenmusikers heute

Die kirchenmusikalische Erneuerungsbewegung des 19. Jahrhunderts mit ihrem Schwerpunkt in Regensburg griff, den damaligen Möglichkeiten entsprechend, zurück auf den Gregorianischen Choral und die klassische Polyphonie. Das waren hervorragende Fundamente, aber eben doch nicht das Ganze. So ist es nur zu verständlich, daß man eine neue Blüte des liturgischen Chorgesanges herbeiführte, den umfassenden Durchbruch aber nicht schaffte, noch nicht schaffen konnte. Gewiß bemühte man sich daneben auch sehr um das deutsche Kirchenlied, aber für die Liturgie selbst war es ja nicht zugelassen.

Dem Solistengesang stand man eher skeptisch gegenüber. Bis heute werden, auch bei den Benediktinern, noch keineswegs selbstverständlich Gradual- und Allelujaverse oder auch ein Traktus solistisch gesungen. Liturgische Musik war weithin gleich Chorgesang. Der skizzenhafte geschichtliche Rückblick zeigt deutlich, daß die Weisungen des Konzils bezüglich der singenden Gemeinde und des Kantors keineswegs als Geringschätzung oder Verdrängung des Chorgesanges zu werten sind, wie viele es leider mißverstanden und immer noch mißverstehen. Es geht vielmehr um die rechte Einordnung und Zuordnung des Chorgesanges, die seine Bedeutung und Wirkkraft eher verstärken als mindern. Natürlich fordern solche Überlegungen auch Konsequenzen für Ausbildung und Praxis des Kirchenmusikers, auch für Lehrpläne und Gewichtungen der Unterrichtsfächer an unserer Schule. Chorgesang und Chorleitung können nicht wie bisher den absoluten Vorrang, das Monopol sozusagen, im Unterrichtsbetrieb beanspruchen. Daneben muß eine ebenso gute und intensive Gesangsausbildung treten, die keineswegs lediglich als Zubringerdienst für den Chor gesehen werden darf, wie auch Harmonielehre und Kontrapunkt mehr erbringen müssen, als die sicher notwendigen Grundlagen für liturgisches Orgelspiel und Improvisation. Denn der Kirchenmusiker ist nicht mehr nur Chorregent, Chordirektor, Kapellmeister oder Organist, sondern ebenso Kantor, Sänger von Beruf, zwar nicht Opern- und Oratoriensänger, aber liturgischer Sänger, dessen Repertoire über das Singen simpler Kehr- und Psalmverse hinausreichen muß: nämlich von den Solistengesängen des Gregorianischen Chorals bis herauf zu denen zeitgenössischer liturgischer Musik. Sie je nach Begabung und Können in die Liturgie einzubringen, ist die Aufgabe. Damit eröffnet sich ein weites Feld neuer musikalischer Möglichkeiten, die noch keineswegs allgmein gesehen werden, geschweige denn erschlossen sind.

Erst aus diesem Vermögen heraus wird der Kirchenmusiker fähig, auch die „chorlosen Gottesdienste" besonders an Sonn- und Festtagen musikalisch reicher zu gestalten und auch in der heute vielgefragten und notwendigen Kantorenausbildung auf breiter Ebene erfolgreich und fruchtbar tätig sein können ...

Durch die Liturgiereform ist eine völlig neue Situation eingetreten, deren Tragweite wir vielleicht noch viel zu wenig bedacht haben. Die Träger der Kirchenmusik sind nicht mehr nur Chor und Organist, es kommen neu hinzu der Kantor und die ganze Gemeinde, denn ihre geforderte tätige Teilnahme vollzieht sich vor allem im Gesang.

Das Verständnis des Chores hat sich gewandelt. Er wird nicht mehr gesehen als Vertreter des Priesterchores (der eigentlich im Altarraum stehen und dem an sich nur Männer und Knaben angehören sollen), sondern als mit einer besonderen Aufgabe betrauter Teil der Gemeinde, was in seiner Aufstellung klar erscheinen soll.

Dem Sängerchor soll die Ausübung seines liturgischen Dienstes erleichtert werden, d.h. a) der Chor muß Verbindung zum Kantor, zur Orgel und anderen Instrumenten haben. b) Der gesangliche Dialog des Chores vollzieht sich nicht nur mit dem Altardienst, sondern auch mit der Gemeinde. c) Die volle sakramentale Teilnahme, also Teilnahme an der Kommunion, des Chores, des Organisten, der Musiker soll leicht möglich sein. d) Bei der Aufstellung der Sänger und Musiker ist auch der akustische Faktor zu beachten, ich meine damit: die erhöhte Aufstellung, nicht auf gleicher Höhe wie die Gemeinde. e) Ein Gesichtspunkt soll noch erwähnt werden: Beim geistlichen Konzert, das zwar nicht Liturgie ist, aber doch geistlichen und Verkündigungscharakter hat, muß der Chor seinen Platz verlassen, meist in den Chorraum gehen. Aufstellung und Akustik sind ungewohnt und beeinträchtigen oft stark die musikalische Darbietung. Es sollte also auch bedacht werden, daß der Chor und die Instrumente immer am gleichen Platz unter den akustisch gleichen Bedingungen musizieren können ...

Der Kirchenmusikberuf ist nicht nur ein kirchlicher, sondern auch ein künstlerischer Beruf. Denn „die Kirchenmusik muß den Charakter wahrer Kunst besitzen" („Motu proprio"), sonst vermag sie ihre hohe pastorale Aufgabe nicht zu erfüllen. Diese Forderung wirft viele schwierige Fragen auf und führte im Lauf der Geschichte immer wieder zu Spanungen und Auseinandersetzungen. Ich erinnere nur an den sogenannten Cäcilienvereinskatalog, in dem man für die Liturgie geeignet erscheinende Werke aufführte. Ich denke auch an die Auseinandersetzungen, die mancher Kirchenmusiker mit Seelsorgsgeistlichen, Pfarrgemeinderäten, Jugendgruppen zu bestehen hat in der Frage um die sogenannte zeitgemäße Kirchenmusik, wie rhythmische Messen, der Flut von Kehrversen und sonstiger Machwerke für den Gottesdienst. Unter dem Vorwand pastoraler Interessen vermeint man, auf künstlerischen Anspruch verzichten zu müssen. Freilich besteht auch andererseits die Möglichkeit, daß sich die Musik als Kunst verselbständigt und dadurch den liturgischen Rahmen sprengt.

Die Harmonie und Einheit zwischen künstlerischem Anspruch und liturgischer Brauchbarkeit zu erreichen ist eine schwierige, jedem Kirchenmusiker immer neu gestellte Aufgabe, um die er sich nach besten Kräften mühen muß.

Franz Fleckenstein: Gott loben, das ist unser Amt

Brief der hl. Cäcilia an die Sängerinnen und Sänger in den deutschen Kirchenchören

Liebe Sängerinnen und Sänger!

„Bischofskonferenz beklagt Verfall christlicher Gesangskultur"
Diese Meldung in der italienischen Presse hat mich natürlich hellhörig gemacht. Daß es mit der gottesdienstlichen Musik im Lande unseres Palestrina nicht zum besten bestellt ist, war mir bekannt. Wenn sich jetzt die italienische Bischofskonferenz mit diesem Thema beschäftigt, dann muß es schon sehr ernst sein. In nicht wenigen Pfarreien werde inzwischen ganz auf Gemeinde- und Chorgesang verzichtet. Hier und da seien Jugendgruppen die einzigen, die in der Liturgie noch sängen, die bekannten, immer wieder strapazierten Lieder, mit Gitarrenbegleitung. So war dort zu lesen.

Nun habt Ihr – Gott sei Dank – noch keine italienischen Verhältnisse. Aber ich erlebe immer öfter, daß sich auch unter Euch Sängerinnen und Sänger eine Stimmung ausbreitet, die sich nicht selten in Jammern und Lamentieren gefällt und dadurch die ganze Landschaft verdüstert, die sich in Schuldzuweisungen ergeht und ständig nach neuen Schuldigen sucht. Die Geistlichen sind dabei nach wie vor die beliebtesten Sündenböcke. An ihnen liege es, so höre ich immer wieder, daß die Kirchen leerer würden, daß die Kirchenchöre kaum noch Nachwuchs bekämen usw.

Geht es wirklich so einfach mit diesen Erklärungen? Versteht mich nicht falsch, ich will das „Bodenpersonal des lieben Gottes" nicht heiligsprechen, aber diese gern praktizierte „Lösung" ist mir nun doch zu einfach.

Ich beobachte schon seit längerem etwas Erstaunliches (vielleicht liegt es daran, daß ich im Himmel einen größeren Überblick habe): Da treffen sich junge, an geistlicher Musik interessierte Menschen, engagiert, selbstbewußt, mit erstaunlichem Gespür für musikalische Qualität. Sie proben, wachsen langsam zu einem Chor zusammen und singen regelmäßig – auch in der Kirche, auch im und für den Gottesdienst.

Ist das nicht überraschend, ermutigend? Nun werdet Ihr mit Recht fragen, wehmütig, vielleicht auch ein wenig neidvoll: Ja, warum kommen die nicht zu uns? Wir können sie doch wirklich gebrauchen. Natürlich habe auch ich mir diese Frage gestellt. Bitte, erwartet jetzt keine Patentantwort! Aber etwas möchte ich Euch doch von meinen Beobachtungen sagen, auch auf die Gefahr hin, daß es dem einen oder anderen weh tut.

Ich erlebe immer noch, daß sich so mancher von Euch mit den neuen Entwicklungen in der Kirche schwer tut. Da ist z. B. die erneuerte Liturgie, die einigen immer noch fremd erscheint, da kommt der „Laie", der jetzt schon einem Wortgottesdienst vorstehen darf, da wünscht sich der Pfarrer neue liturgische Gesänge, die besser für die liturgische Dramaturgie geeignet sind ...

Natürlich ist nicht alles Neue auch automatisch das Bessere; jeder hat da seine Erfahrungen. Und deshalb kann ich gut so manche Zurückhaltung und Reserve verstehen. Nur, die Haltung, „das war immer so!", kann ich nicht gelten lassen. Sie stimmt für den Bereich der Kirchenmusik ebenso wenig, wie für die meisten Dinge in unserer Kirche und darüber hinaus. Die „Tugend" des starren und sturen Festhaltenwollens ist keine Tugend, eher eine Untugend, zumal wenn sie sich so bloßstellt, wie im Munde jenes „strammen" Katholiken, der einmal in einer Pfarrversammlung ausrief: „Und wir Katholiken halten fest am lateinischen Kyrie!" (Bekanntlich kommt das Wort *Kyrie* aus dem Griechischen).

Liebe Freunde der Musica Sacra! Wir besitzen einen kostbaren Schatz von herrlicher Kirchenmusik. Keine Frage: Uns ist er zur lebendigen Pflege anvertraut. Kein Vernünftiger wird dies bestreiten. Wir tragen aber auch Verantwortung für das Heute und Morgen, also auch für die Kirchenmusik aus unserer Zeit, für die Kompositionen, die vielleicht überzeugender und konkreter das Lebens- und Glaubensgefühl der Menschen am Ende des 20. Jahrhunderts zum Ausdruck bringen. Es gibt inzwischen vieles, was in ganz neuer Weise begeistern kann; da öffnen sich neue Welten und Klänge, die aufhorchen lassen und dabei gar nicht einmal so schwer sind.

Ich darf Euch verraten, daß ich über die erneuerte Liturgie wirklich froh bin. Natürlich ist nicht alles Gold, was da glänzt. Aber so vieles ist wieder vom Staub der Jahrhunderte freigelegt worden und kann so in seiner ursprünglichen

Schönheit strahlen. Ich weiß, daß oft behauptet wird, die Kirchenmusik komme nicht mehr zu ihrem Recht, sei gleichsam aus dem heiligen Bezirk verstoßen worden. Das Gegenteil ist der Fall! Welche Möglichkeiten bieten sich heute in der festlichen Liturgie Euren Chören, den Scholen, den Kantoren und den Instrumentalgruppen! Ungeahnte! Wirklich: ungeahnte! Man muß allerdings auf Suche gehen, auf kreative, begeisterte Suche, sich umhören, sich beraten und inspirieren lassen.

Wer sich darauf einläßt, macht immer wieder die Erfahrung, überrascht und verblüfft zugleich, wie sich Altes und Neues – oft genial – miteinander verbinden lassen. Dann macht es nicht nur Spaß, eine Mozart- oder Haydn-Messe zu musizieren, sondern z. B. auch bei der Einzugsprozession, beim Antwortgesang oder beim Halleluja-Ruf, der „Erkennungsmelodie der Christen", mitzuwirken. Wie lebendig kann Gottesdienst werden, wenn Rufe, Akklamationen, Antiphonen, Hymnen usw. ihre ursprüngliche Funktion zurückerhalten!

Wie spannend kann es werden, wenn der Kirchenchor im Laufe des Kirchenjahres, etwa beim Patrozinium oder an Fronleichnam, zusammen mit dem Kinder- und (oder) Jugendchor in ein und demselben Gottesdienst zusammenwirkt! Statt alter Feindseligkeiten jetzt ein „pfingstliches" Miteinander! Könnte das nicht ein Stück „Himmel auf Erden" werden?

Und noch etwas möchte ich Euch ans Herz legen, vielleicht ist dies sogar das Wichtigste: Euer Singen und Spielen im Gottesdienst kann durch nichts anderes ersetzt werden. Ihr singt ja nicht nur Noten und produziert nicht nur saubere Klänge. Ihr singt vielmehr von der Frohen Botschaft, von Freiheit und Liebe, gegen Haß und Mutlosigkeit, gegen den Tod. Hat dies nicht sehr viel mit Verkündigung zu tun? Im Singen kann etwas erfahrbar werden von dem Urgestein des Evangeliums und tiefer in die Herzen der Menschen eindringen als viele Worte. „Nötiger als Brot braucht der Mensch die Gewißheit, erwünscht zu sein." So hat es Mutter Theresa einmal formuliert.

Deshalb ist es so entscheidend, wie Ihr singt. Routiniert, möglicherweise sogar perfekt, aber ohne inneres Feuer – oder begeistert, ansteckend, mit allen Fasern Eures Geistes und Eurer Seele. Aus meiner langen Erfahrung kann ich Euch sagen: Gerade die Menschen Eurer Tage spüren diesen Unterschied. Und das ist Eure, unsere Chance. Nur ein engagiertes Singen gibt Glauben weiter, weil es glaubwürdig ist und deshalb überzeugen kann. Nur was aus dem Herzen kommt, gelangt auch in die Herzen der anderen. Alles übrige wird zur Bauernfängerei, hält nicht, trägt nicht durch, vor allem in Zeiten innerer und äußerer Bedrängnis.

Dabei fällt mir ein Wort ein, das für mich in der langen Zeit zur Lebensweisheit geworden ist: *Antworte nur, wenn Du gefragt wirst! Aber lebe so, daß man Dich fragt!* Ich möchte diesen Satz noch etwas erweitern und sagen: Aber lebe und singe so, daß man Dich fragt: *Woher nimmst Du diese Begeisterung beim Singen, was beflügelt Dich? Was gibt Dir die Kraft dazu?*

Tut dies alles nicht ab mit dem Vermerk: Zwar schön und idealistisch, aber fern von aller Realität! Fragt Euch bitte selbst einmal: Wer oder was war es denn, das Euch einmal gepackt, betroffen gemacht und nicht mehr losgelassen hat? Das Routinierte, Normale oder das Besondere, Zupackende, Begeisternde, jener Moment, in dem sich einer ganz eingebracht hat ohne Hintergedanken und Absichten!

Liebe Sängerinnen und Sänger! Ich bin froh und dankbar, daß ich Eure Patronin sein darf, auch wenn ich dies erst relativ spät geworden bin. Ihr seid mir wichtig und wertvoll, denn Euer Auftrag gehört mit zum Schönsten, was es auf Erden gibt. Deswegen seid Ihr mir ins Herz geschrieben, ja, mir ein Herzensanliegen. Habt Mut zum Aufbruch in das Heute und Morgen! Bewahrt das Überkommene, laßt es aber nicht zu Asche werden, macht vielmehr loderndes Feuer daraus! Schaut Euch aber auch nach neuen Stimmen um, nach neuen Klängen, stimmt das „neue" Lied an, das noch nie gehörte, das aufhorchen läßt! Träumt nicht Euer Leben, sondern lebt Euren Traum, lebt Gottes Traum!

In herzlicher Verbundenheit
Eure Cäcilia

Gegeben zu Rom im Jahre des Heils 1996.

Wolfgang Bretschneider

„Komm Schöpfer Geist, kehr bei uns aus"

Der so geringfügig veränderte Beginn des wohlbekannten Pfingstliedes läßt immer wieder Fragen nach dem für Texte wie Musikwerke gleichermaßen bedeutenden Phänomen des Parodierens aufkommen. Und gerade an diesem schlichten Beispiel zeigt sich, daß die mitunter berufsbedingte Spottlust von Kantoren, Organisten, auch Geistlichen, nicht in der Selbstgenügsamkeit und Tagesaktualität enden muß, sondern gedanklich neue Perspektiven eröffnen kann. Wieso sollte das Feuer des Geistes nicht einmal befreiend wirken, befreiend von Vorurteilen, Verbildung und Betriebsblindheit – eben gründlichen Kehraus in unseren Köpfen treiben?

„Blasphemie!" tönt es allzu schnell, wenn in der Sakristei, auf der Kirchentreppe oder zwischen den oft trockenen Referaten einer Fortbildungsveranstaltung einem kirchenmusikalisch Tätigen eine Textvariante mit womöglich bissigem Inhalt als Stoßseufzer herausrutscht. Eine satirische Ausrichtung von alternativen Lesarten ist indes weder eine Errungenschaft unserer angeblich so verweltlichten Zeit, noch eine Spezialität der christlichen Kirche. Und die Autoren abweichender Liedtexte, von Bonmots und liebevollen Übernahmen beweisen mit ihren Schöpfungen nicht nur sprachliche Beweglichkeit, sondern stets eine enorme Kenntnis der Vorlage; zudem befinden sie sich in bester Gesellschaft.

Der griechischen Tragödie entstammt der völlig wertneutrale Begriff *parodía*, der „Gegen-" oder „Nebengesang" bedeutet. Bereits die antike Literatur kennt das Stilmittel der geringen Textabweichung, um eine andere Sinnrichtung zu gewinnen, teilweise mit satirischem Hintergrund. In den klösterlichen Handschriften des Mittelalters finden wir unmittelbar neben scholastischen und liturgischen Texten unzählige Belege wahrer Gegen-Liturgien. Das bekannteste Beispiel hierfür dürfte die *Spieler-Messe* aus den *Carmina Burana* sein, die in reinstem Kirchenlatein die mangelhaften Lateinkenntnisse wie auch die Laster so mancher Kleriker des Mittelalters vorführt; sie ist inzwischen auch in mehreren Versionen als Tonträger greifbar.

Eine Form der musikalischen Parodie, die Unterlegung neuer Texte unter bekannte Weisen verhalf Luther und seinen Anhängern zur raschen Verbreitung des reformatorischen Gedankenguts und bewirkte einen enormen Schub in der Entwicklung des deutschsprachigen Volksgesangs im Gottesdienst. Aus dem Liebeslied *Mein Gmüt ist mir verwirret* im flotten Dreierrhythmus wurde das nach und nach immer getragener musizierte *O Haupt voll Blut und Wunden*, und bei Heinrich Isaaks Abschiedslied *Innsbruck, ich muß dich lassen* konnten sogar wesentliche Teile des Textes in das Begräbnislied *O Welt, ich muß dich lassen* übernommen werden.

Ein regelrechter Sport in der Vokalpolyphonie des 16. Jahrhunderts war es, ganze Meß- und Motettenkompositionen per Textaustausch zu gewinnen. Nicht nur Johann Sebastian Bach griff aus Zeitmangel oft in die Schublade, um aus Vorhandenem Neues zu gestalten. Durch Umtextierung entstand so aus dem Eingangssatz der Geburtstagskantate für die Königin von Polen und Kurfürstin zu Sachsen *Tönet, ihr Pauken, erschallet, Trompeten* der Einleitungschor des sog. „Weihnachts-Oratoriums" mit den bekannten Worten *Jauchzet, frohlocket, auf, preiset die Tage.* Mit pointiert angewandten Kompositions-, und Vortragstechniken machte sich Georg Philipp Telemann in seiner Kantate *Der Schulmeister* über philiströse Gelahrtheit lustig. Bertolt Brechts *Hitler-Choräle* sind in ihrer treffsicheren Aussage und unberührten Metrik ein Zeitzeugnis unseres Jahrhunderts, wie Parodie innerlich befreien kann.

Nun ist es nicht mehr weit bis zum Witz über Liturgisches, Kirchenlieder, bis zu sich verselbständigenden Pointen. Dabei sind alle am Gottesdienst aktiv Beteiligten zugleich Aktive in der Produktion humoristischer Einlagen. Die Erfahrung bestätigt auch das geflügelte Wort, daß oft der bissigste Spott in Theologenkreisen ersonnen, sodann durch Juristen verbreitet und schließlich den Medizinern in die Schuhe geschoben wird.

Es war auch ein Geistlicher, der unfreiwillig eine „Geschwindigkeitsmessung" besonderer Art verursachte: Er hatte nämlich die Gewohnheit, auf der Liedordnung für den Organisten stets die jeweilige liturgische Position, den Textanfang des Liedes sowie die Gesangbuchnummer hintereinander aufzuschreiben. So stand an Christi Himmelfahrt zum Lied *Christ fuhr gen Himmel* zu lesen: „Eingang – Christ fuhr – 228" – „Ach, deshalb mußte das außerhalb jeder geschlossenen Ortschaft geschehen", entfuhr es mir. Der anhaltende Lacherfolg der

Ministranten war mir ebenso sicher wie der Groll des mit wenig Humor beschenkten Priesters über die seiner Ansicht nach von mir verursachten Unaufmerksamkeit seines Altardienstes während jener Messe.

Es sei aber erwähnt, daß ich einer Predigt eben dieses in allen Dingen äußerst sorgfältigen Geistlichen den Satz, der den Ausgangspunkt meiner Gedanken bildet, zu verdanken habe. Und mancher nicht immer angenehme kirchenmusikalische Dienst ist mir durch das Geschenk einer herzhaften Pointe leichter geworden.

Markus Zimmermann

7

Heilige Musiker und Musikpatrone
Die Chöre der Heiligen

Sprache und Musik um David

Die Israeliten, hörten wir, sangen, während sie die Lade begleiteten. Und sie spielten dabei auf ihren Instrumenten. Gerne hätten wir gehört, wie dies alles klang, denn da war nicht nur lautes Lärmen, Jubel des Volks, sondern auch kunstvolles Singen und Spielen. Vielleicht sollten wir an diesem Punkt kurz zusammenstellen, um welche Instrumente es sich da handelte; Instrumente, die immer wieder genannt werden, wenn der Anlaß gegeben ist. Die Leier, Harfe oder auch Zither, Davids Instrument, auf dem er ein großer Meister war, kennen wir schon. Und Leiern dieser Art waren es, wie es scheint, ganz besonders, die dazu dienten, den Gesang zu führen. Dazu kommen Harfen, die man auch tragen konnte, dann Lauten und bronzene Zimbeln, Trompeten und Pauken, von denen es größere und kleinere gab, die letzteren die sogenannten Handpauken; schließlich gab es Rasseln. Mit Zimbeln und Handpauken zum Beispiel, auch wieder mit Gesang, waren damals, als sich Saul so sehr darüber erregte, Israels Frauen dem siegreichen David entgegengezogen. Sowohl die Lauten als auch die Harfen konnten zehn Saiten haben. Saiteninstrumente also, Blasinstrumente und Rasseln, die rhythmisch lärmten. Die Frage ist natürlich zunächst, ob all diese schlecht und recht aus der Überlieferung übersetzten Bezeichnungen wenigstens ungefähr die Instrumente meinen, die *wir heute* mit ihnen benennen. Sodann und vor allem möchten wir wissen, ob die Instrumente, die in Israel

16 Harfespielender David; Detail aus dem Gestühl im Westchor des Bamberger Domes, 1370/80

benutzt wurden, eigener Tradition entstammten oder von anderen Völkern, vorwiegend denen Kanaans, übernommen waren. Das letztere, denken wir, ist eher zu vermuten. Bei aller Eigenständigkeit, muß man wissen, hatten sich die Israeliten doch in vielem angepaßt. Selbst ihre alte Sprache, das Aramäische, hatten sie ja aufgegeben ein gutes Stück weit, denn das als Hebräisch bezeichnete Idiom ist in Wahrheit eine Mischsprache, die sich aus Aramäischem und Kanaanitischem zusammensetzte (aber jede Sprache ist Mischsprache, geht man nur weit genug zurück). Nur im Norden des Lands hatte sich das Aramäische rein erhalten, das dann später weit größere Ausdehnung erfuhr und nun wieder das Hebräische als gesprochene Sprache verdrängte. Was also als heilige Sprache überlebte, durch die Texte, die nun einmal da waren, war in Wirklichkeit gar nicht die alte Sprache Israels, sondern ein Kompromiß zwischen der alten und der neuen. Und die Schrift hatte man von den Phöniziern übernommen, die sich selbst „Kananiter" nannten.

Übrigens scheut sich die Überlieferung ja auch nicht, uns ganz offen zu sagen, daß die Handwerker, die Zimmerleute und Steinmetzen zum Beispiel, die Davids Palast errichteten, nicht aus dem Lande selbst waren, sondern anderswoher, nämlich aus Tyros, aus Phönizien, kamen. Woraus doch wohl zu schließen ist, daß die Israeliten derartige Fertigkeiten zu diesem Zeitpunkt noch nicht ausreichend besaßen. Denn später, ganz ohne Zweifel, verfügten sie über alles, was es an reicher Kunstfertigkeit um sie herum in Handwerk, schöner Kunst, Ackerbau und Viehzucht gab.

Hans-Martin Gauger: Davids Aufstieg

Von den Engeln

Es ist in der Ordnung der Engel begründet, wenn der Gesang der Engel-Ähnlichen kein polyphoner Gesang ist, denn die Engel singen alle mit „einer Stimme". Da ferner der Kult, der Gott im Himmel dargebracht wird, allein das Organ der Stimme der Engel [wenn man so sagen darf] beansprucht, jedoch keine mechanischen Musikinstrumente, so ist es ausgeschlossen, daß der Gesang der Engel-ähnlichen Mönchen von Musikinstrumenten begleitet wird. Bekanntlich hat die alte Kirche mit großer Strenge alle Musikinstrumente aus dem christlichen Gottesdienst verbannt und hat das getan, obwohl doch der jüdische Gottesdienst im Tempel eine Reihe von Musikinstrumenten gehabt hatte, auf die jeder Ausleger der Psalmen immer wieder stieß. Zu begreifen ist dieser Ausschluß der Musikinstrumente nur, wenn man sich klargemacht hat, daß die Apostel das irdische Jerusalem mit seiner Tempelmusik verlassen und sich dem himmlischen Jerusalem genähert haben, in dem es keine Instrumente irgendwelcher Art mehr gibt, sondern der Engel in seiner Existenz allein zum Organ des göttlichen Lobpreises geworden ist. Ist es erstaunlich, wenn die Musikinstrumente der Psalmen unter diesem Gesichtspunkt dann auch eine auf die Existenz der Christen bezogene Deutung erfahren? „Vos estis tuba, psalterium, cithara, tympanum, chorus, chordae et organum et cymbala bene sonantia. Vos estis haec omnia; nihil hic vile, nihil transitorium, nihil ludicrum cogitetur", das sind Worte des heiligen Augustinus, die in seiner Auslegung des 150. Psalms laut werden, Worte, die zugleich die Überzeugung aller Kirchenväter aussprechen.

Schließlich ist es auch kein Zufall, wenn die mittelalterlichen Musiktraktate ihre Ausführungen mit dem Hinweis auf die Harmonie der Sphären beginnen. Da der Lobpreis der Kirche zusammen mit dem Lobe des Kosmos laut wird, darum muß jede Besinnung über das Musikalische im Kultus der Kirche sich auch für die Art des Lobpreises von Sonne, Mond und Sternen interessieren. Von der theologischen Bestimmung auf den Charakter des christlichen Kultus wird das Tönen der Sphären und das Singen der Engel und das Mitsingen der Engel-Ähnlichen seine Bestimmung erfahren. Die Harmonie der Sphären tönt, der Gesang der Engel erschallt, die Liturgie der Kirche wird laut. Die Sonne tönt, weil sie kreist, der Engel singt, weil er steht, der Mensch aber nimmt an dem Lobe des Kosmos und der Engel teil, weil er durch die Kirche, durch den Mund des Priesters dazu aufgefordert wird. Zwischen der Bewegung der Sphären und ihrem Tönen besteht ebenso ein innerer Zusammenhang wie zwischen dem Stehen der Engel und ihrem Singen. Der Kosmos tönt aus sich heraus und kündet in seiner Ordnung, daß er die Gesetze des Schöpfers nicht über-

17 Orgelspielender Engel in San Fiorenze, Bastia Mondóvi/Piemont, 1472

tritt. Der Engel aber singt, das heißt er tönt nicht aus sich heraus wie der Kosmos, da er aus dem Kosmos herausgehoben ist, um Gott zu dienen. Die Liturgie der Kirche endlich wird im „Jubel" laut, jenem Jubel, der einst im Herzen der Jünger aufbrach, „als sie zum Himmel aufsteigen sahen, den sie als Toten beweint hatten. Worte waren unfähig, einer solchen Freude Ausdruck zu verleihen, es blieb ihnen nur übrig, zu jubeln über das, was kein Mensch zu erklären vermochte".

Es ist deutlich, alle die verschiedenen Bestimmungen des Seins, die auf den Kosmos, den Engel und den Menschen zielen, enthalten ebenso viele musikalische Bestimmungen. Wie die letzte musikalische Bestimmung des einzelnen Menschen ausfällt, das hängt letzthin von der Teilnahme des Menschen an der himmlischen Liturgie ab. Die eine Möglichkeit besteht, als Volk im liturgischen Volksgesang daran teilzunehmen, die andere Möglichkeit dagegen ist, daß der Mensch sich der Ordnung der Engel-Ähnlichen eingliedert, das heißt: am mönchischen Offizium teilnimmt. Immer aber wird die Liturgie der Kirche die Teilnahme an einer himmlischen Liturgie bedeuten.

Erik Peterson: Von den Engeln (1935)

EWIGES MARIENLOB

Das Bild Mariens strahlt in der Nacht unseres Daseins wie eine ewige Verheißung der Güte Gottes. Aus unserem Dunkel heraus empfanden wir durch all die Jahre doppelt den Mangel eines echten gesungenen Marienlobes, das an die Stelle jenes unechten, verweichlichten Gesanges hätte treten können, mit der die Chöre in Stadt und Land an allen Muttergottesfesten, in Mai- und Rosenkranzandachten uns das Marienlob nicht zur echten Freude werden ließen.

So wie uns aus den Trümmern unserer zerfallenen Kirchen noch hier und da die ganze Fülle jungfräulicher und mütterlicher Hoheit in den Muttergottesbildern alter Meister wie durch ein Wunder erhalten blieb, so warten wir auch auf Lieder, die uns in ähnlicher Weise von dem „großen Zeichen" der Jungfrau-Mutter in unserer Verlassenheit künden sollten. Die schönen Lieder unseres *Kirchenliedes* [gemeint ist jene Ausgabe von 1938, Trost und Hilfe vieler Gläubiger gegen die Marschmusik jener Jahre] allein genügten uns nicht mehr. Viel Lieder sollten es sein, Lieder zum täglichen Gebrauch, Lieder, mit denen wir im Mai allabendlich die Maienkönigin grüßen konnten, Lieder für das Rosenkranzgebet im Oktober, Lieder für alle Feste der Muttergottes, Lieder zum „Engel des Herrn", Lieder für schöne Marienstunden unserer Gruppen, Lieder für das häusliche Singen in unseren Familien. Wie oft fehlten sie uns, diese Lieder, die wir nirgends erreichen konnten. Nun finden wir sie vereinigt in einem wunderbaren Schatzkästlein.

Und siehe – wie fortgewischt ist jene süßliche und übersentimentale Atmosphäre, in der wir uns nie wohl fühlten, wenn man Marienlieder von der Orgelbühne unserer Kirchen zum „Vortrag brachte". Das ganz Schlichte, Einfache und Große steht vor uns in seiner Unmittelbarkeit und Selbstverständlichkeit. Es spricht aus den Weisen und Sätzen der alten Meister mit derselben Schönheit, Wärme und Echtheit wie aus jenen geretteten Bildern alter Kunst, es spricht aber auch aus Worten und Melodien unserer Zeit mit der gleichen Eindringlichkeit und herben Süße. Denn hier ist etwas Wunderbares geschehen: Musiker unserer Tage haben in einer ganz besonderen Weise sich diesem Lobe Mariens hingegeben und Werke geschaffen, die der alten Meister würdig sind.

Am klarsten wird dieses überzeitliche, im Ewigen verankerte Bild Mariens in den Gesängen der Liturgie, und von diesen Gesängen, von den herrlichen marianischen Antiphonen des frühen Mittelalters und den noch älteren Vesperantiphonen der ausklingenden Antike nimmt unser Liederschatz seinen Ausgang. In diesen Gesängen erscheint Maria auf einem zeit- und raumlosen Goldhintergrund als die „ewige Frau", als Gottes wahres Urbild vom Menschen. Wir meinen, daß auch durch die Anpassung der deutschen Sprache an die wundervollen Tonformeln des liturgischen Gesanges dieses Bild nichts von seiner Größe verloren hat.

Walther Lipphardt: Vorwort zu Ave Maria, dich lobt Musica (1947)

MARIENLOB ALS MINNESANG

Marienlieb und Marienlob in schönsten Versen und schönsten Weisen
Ihr Minnesänger der Gottesmutter, habt Dank für dies Werk.
Mit Freude gebe ich zu Beginn des Altenberger Singewerkes gerade diesem
unserem „Marien-Singebuch" das Wort zum Geleit:
Dignare me laudare te, virgo sacrata!

Ludwig Wolker: Geleitwort zu Ave Maria, dich grüßt Musica (1949)

CÄCILIA UND DIE KIRCHENMUSIK

Wer Rom und besonders Trastevere kennt, der kennt auch Santa Cecilia, die Ti-
tularkirche der heiligen Cäcilia. Sie ist am gleichen Ort erbaut, an dem sich
nach der Legende das Martyrium der Heiligen ereignet hat. Das wissen wir freilich erst seit dem neugierigen, positivistischen späten 19. Jahrhundert. Damals,
in der Regierungszeit Papst Leos XIII., ließ Kardinal Rampolla unter den Fun-
damenten der alten Basilika graben – er fand ein Patrizierhaus aus dem frühen
römischen Kaiserreich mit Inschriften, die auf die künftige Wohnung von Cäcilia und Valerianus verwiesen. Cäcilia und Valerianus? Jawohl, das junge schöne
Mädchen, der Überlieferung nach aus vornehmem Geschlecht, war von den Eltern zur Ehe mit dem jungen Römer Valerianus bestimmt und konnte nach der
Sitte der Zeit dem elterlichen Plan nicht offen widersprechen. So wartete sie bis
zur Hochzeit ab, und erst im Brautgemach offenbarte sie ihrem Bräutigam – der
damals noch Heide war – ihre Liebe zu Christus.
Nach der legendären Passio, in der mehrere Lebensläufe aus verschiedenen Zeiten und Orten zusammengeronnen sind, bekehrt Cäcilia Valerianus, dieser wie-
derum bekehrt seinen Bruder Tiburtius; beide Brüder werden, weil sie hinge-
richtete Christen heimlich bestatten und das Kaiseropfer verweigern, vor den
Richter geschleppt und zum Tod verurteilt – sie gehen, von Cäcilia als „Solda-
ten Christi" angefeuert, gemeinsam in den Tod. Dann ist die Reihe an Cäcilia
selbst; mutig, ja herausfordernd steht sie dem Richter Rede und Antwort und

verteidigt ihren Glauben so entschieden und klug, daß sich Hunderte ihrer Zuhörer zu Christus bekehren. Cäcilia wird zum Tod verurteilt, doch der Präfekt scheut eine öffentliche Hinrichtung; er versucht, die junge Frau im überheizten Bad des eigenen Hauses zu ersticken oder zu verbrennen – jedoch vergeblich. Selbst dem eilends herbeigerufenen Henker gelingt es nicht, ihren zarten Nacken zu durchschlagen; von drei Schwerthieben getroffen (mehr war den Henkern nach römischem Strafrecht nicht erlaubt!), verblutete sie schließlich in den Armen ihrer Freunde, nachdem sie ihr Hab und Gut den Armen gegeben und ihr Haus als Ort einer künftigen Kirche bestimmt hatte.

Das ist die Leidensgeschichte der Märtyrerin Cäcilia aus der Zeit des Kaisers Marc Aurel – und niemand, der heute in Santa Cecilia vor dem Hauptaltar steht und ihre Marmorfigur betrachtet, kann sich der Rührung entziehen, die vom Schmerz und Tod einer unschuldigen jungen Frau ausgeht. Der Bildhauer Stefano Maderno hat sie nach der Öffnung ihres Zypressensarges im Jahr 1599 in Marmor so dargestellt, wie sie gefunden wurde: liegend, die Arme ausgestreckt, die Knie leicht angezogen, das Haupt zur Seite gewendet, mit dem klaffenden Beilhieb im Hals. Maderno war damals selbst ein junger Mann von 24 Jahren. Und einer der Augenzeugen der Öffnung des Sarges, Kardinal Baronius, faßte den Eindruck, der von ihren Überresten ausging, in die drei Worte zusammen: „Wir haben sie gesehen, erkannt und zu ihr gebetet" (vidimus, cognovimus et adoravimus).

Soviel über Cäcilia, die Märtyrerin. Doch wie wurde aus diesem römischen Mädchen die Patronin der Kirchenmusik? Nun, das hat bekanntermaßen mit einem Übersetzungsfehler, genauer mit der Verkürzung eines Satzes aus ihrer Passio zu tun. Und so seltsam es klingt: Schuld daran war diesmal nicht die Volksfrömmigkeit, der Übereifer der Verehrung, mit der man die spärliche Überlieferung legendenhaft ausschmückte – schuld war niemand anders als die römische Liturgie selbst.

In der Passio stehen die Sätze: „Und als der Tag der Hochzeit kam, da war sie festlich gekleidet, doch trug sie unter ihren goldgewirkten Gewändern ein härenes Hemd auf dem Leib. Und während die Hochzeitsinstrumente erklangen, sang sie in ihrem Herzen allein dem Herrn und sprach. *„Laß mein Herz und meinen Leib unbefleckt bleiben, auf daß ich nicht zuschanden werde"* (Venit dies in quo thalamus collocatus est et, cantantibus organis, illa in corde suo soli Domino decantabat, dicens: *Fiat cor meum et corpus meum immaculatum ut non confundar*). Organa – diese Bezeichnung umfaßt zu jener Zeit noch alle Instrumente, nicht nur die Orgeln im engeren Sinn; und sollten bei der Hochzeitsmusik im Haus der Cäcilia tatsächlich Orgeln mitgewirkt haben (neben den gebräuchlicheren Flöten, Zithern, Schlaginstrumenten), so handelte es sich um Wasserorgeln mit ihren grellen Tönen (man erinnere sich daran, daß beim Klang der Wasserorgeln die Christen in den römischen Arenen starben!). Nein, die Orgel war kein kirchliches, kein weihevolles, getragenes Instrument, zu jener Zeit jedenfalls nicht; und mit der Hochzeitsmusik hatte Cäcilia so wenig im Sinn, daß sie, wie es ausdrücklich heißt, allein dem Herrn in ihrem Herzen sang. Drastisch übersetzt in die Sprache unserer Zeit, hieße jener Satz aus der Passio also folgendermaßen: „Während die Hochzeitsinstrumente lärmten und die Orgel schrie, wandte sich Cäcilia in ihrem Herzen dem Herrn zu und sang ihm ein anderes Lied" – ein anderes, so dürfen wir ergänzen, als jenes, das die Instrumente intonierten, ein anderes als der heiße Lebensschrei „o hymen, o hymenaee!" bei antiken Hochzeiten.

Aber es gibt in der Geschichte keine Überlieferung, die nicht durch öfteren Gebrauch und allmählich abnehmendes Verständnis im Lauf der Zeit eine ganz andere, oft gegenteilige, Bedeutung annehmen könnte. So ist es auch dem „cantantibus organis" ergangen. Im Officium der heiligen Cäcilia – übrigens einem der ältesten und schönsten der römischen Liturgie! – entwickelte sich nämlich anstelle der korrekten Langfassung des eben zitierten Satzes eine Kurzfassung (in der ersten Antiphon der Vesper), die das höchst wichtige „in corde suo" und das „soli" wegließ und damit dem Ganzen einen neuen Akzent gab. Jetzt hieß der Satz: „Cantantibus organis Caecilia Domino decantabat" – und das konnte, wenn man den Ablativus absolutus im mittelalterlichen Sinn ein wenig frei nahm, auch übersetzt werden: „Beim Spiel der Orgel lobte Cäcilia Gott", oder sogar: „Die Orgel spielend, lobte sie Gott."

Da dieser Satz in der Liturgie seit dem 9. Jahrhundert erklang (man unterschätze nicht die Wirkung des unaufhörlich wiederholten gesungenen Wortes!), da also das Kirchenvolk diesen Text, und nur ihn, stetig hörte, während die „Langfassung" nur wenigen gebildeten Klerikern bekannt war, verschwand allmählich der in der Passio betonte Gegensatz zwischen der aufreizenden Hochzeitsmusik und der zur Bewahrung ihrer Jungfrauschaft entschlossenen, sich vom Fest weg- und Gott zuwendenden Braut Christi: Aus einer Feindin und Verächterin der Musik (oder doch *dieser* Musik!) wurde Cäcilia zu derjenigen, die sie bis heute ist: zur Freundin, Anwältin, Patronin der Kirchenmusik.

Ich höre die Rationalisten aller Jahrhunderte triumphieren. Endlich wieder eine Legende entlarvt! Cäcilia, die Heilige der Kirchenmusik, in Wahrheit eine Unmusikalische, eine Verächterin der Musik! Was machen jetzt die vielen Vereine, Kirchenchöre, Fanfarenkorps, Blaskapellen, die ihren Namen tragen? Müssen sie sich nicht geprellt vorkommen? Was macht der ACV, der *Allgemeine Cäcilienverband*, was machen „Cäcilias Scharen" in Regensburg und anderswo? Welche Blamage, diese Schutzpatronin, die für alles geeignet ist, nur nicht für die Musik! Arme Cäcilia! Sollte man da nicht schleunigst auf den heiligen Franziskus umbuchen, von dem glaubwürdig überliefert ist, daß er zur Laute spielte und sang?

Die Kirchenmusik verarbeitet manchen Stoff der weltlichen Tonkunst; nichts, an dem sie achtlos vorüberginge. Doch gibt es Grenzen der Aneignung: Höhnische Parodien, Spottchöre, blinder Lärm und leeres Pathos sind ihr fremd. Sie sucht ja hinter der Ekstatik die Form, hinter dem Ton den Sinn. Sie hält Ausschau nach einer Musik, „die sich wiegt, die singt..., die ein neues Blut ist, eine sprechende Gebärde, ein unbekannter Duft, ein Vogel ohne Schlaf" (Olivier Messiaen). Sie hält nichts vom Angstgetto des Nur-Sakralen, der Einheits-Agende, des rein Zweckhaft-Liturgischen. Sie sucht nach jenem Klang, in dem der Atem der Schöpfung weht.

Darin aber ist Cäcilia zu Recht ihre Schutzpatronin. Denn indem sie sich weigerte, auf jene Musik zu achten, die in ihrer Nähe erklang, hat sie die Musiker aller Zeiten auf eine andere, eine neue Musik hingewiesen – eine jenseits von Gewohnheit, Routine, Marktschreierei und lärmendem Überfall. Cäcilia spielte nicht auf der Orgel, gewiß. Aber sie hörte eine Musik, die noch niemand vernommen hatte. Gott lobend, hörte sie die Musik singen.

Die Maler, die seit dem 14. Jahrhundert Cäcilia mit Instrumenten darzustellen begannen, haben nichts anderes getan, als jene Antiphon mit dem verknappten Text ins Bildliche zu übersetzen. Aus Cäcilia, der Blutzeugin mit den Rosen des Martyriums, dem Buch des Evangeliums, dem Schwert als Leidenswerkzeug wurde jetzt Cäcilia die Geigerin, Cellistin, Zitherspielerin, die Musikerin, der Engel die Notenblätter halten. Am häufigsten wurde sie mit der Handorgel dargestellt, den Blick zum Himmel gerichtet – so bei Rubens, Zurbaran, Carlo Dolci; am großartigsten und stilbildend für zwei Jahrhunderte bei Raffael. Seit dem 15. Jahrhundert verblaßte ihre Märtyrerglorie fast ein wenig vor dieser Rolle einer himmlischen Chorführerin, mit der sie nun auch handfeste irdische Aufgaben übernahm: so in den nach ihr benannten Kirchenmusikvereinigungen, den Cäcilienbünden und -vereinen, die sich seit dem 16. Jahrhundert in der Normandie, in Flandern, in Venedig, Rom, Paris und London ausbreiteten, und als Patronin unzähliger Kirchenchöre bis zum heutigen Tag.

Die dichteste Kontinuität hat wohl die 1584 von Palestrina gegründete *Congregazione di Santa Cecilia* in Rom entwickelt, die 1839 in die *Accademia di Santa Cecilia* umgewandelt wurde. Aber auch die *Musical Society* in London und die von ihr ausgehende Tradition der Cäcilienfeste ist hier zu nennen – Feste, für die Englands namhafteste Komponisten bedeutende Werke verfaßten, so Purcell seine *Cäcilienode* (1683) und Händel sein *Alexander's Feast or the Power of Music* nach Drydens *Ode in Honour of St. Cecilia's Day.*

Hans Maier

Sankt Martin und die Kapellen

„Wir kommen alle aus dem Mantel", sagte ein großer russischer Schriftsteller – er meinte Gogols geniale Novelle. Aus einem anderen Mantel kommt vieles, was uns längst selbstverständlich geworden ist in Brauchtum und Geschichte – ich meine den Mantel des heiligen Martin, dessen Fest wir am 11. November feiern.

Wenn das Jahr sich neigt, treten die großen Wundertäter über die Schwelle, Martin und Nikolaus, Vorboten des Advents und der Weihnacht. Unzählige Male wiederholt sich, von kindlichen Mimen aufgeführt, die heilige Szene: „Im Schnee da saß ein armer Mann, hat Kleider nicht, hat Lumpen an." In der uralten Legende von der lebensrettenden Teilung des Mantels in der Winternacht dürften sich alle wiedererkennen: die Wohltäter und Lebensretter aller Jahrhunderte; die Samariter und Ärzte; die Pfleger und Helfer; die namenlose Hilfe von Mensch zu Mensch und die mit Computern ausgestattete, technisch rationalisierte moderne Medizin und Sozialpolitik. Viele Fromme gehören zu diesem Zug, von Monsieur Vincent bis zu Florence Nightingale, vom Kaufmannssohn aus Assisi bis zu Mutter Teresa; doch muß man nicht besonders fromm sein, um so spontan zu helfen, wie es der heilige Martin tat – damals übrigens noch längst nicht Mönchsvater und Bischof, sondern Soldat.

Aber nicht nur alle moderne Fürsorge und Sozialhilfe kommt „aus dem Mantel" – der Heilige von Tours ist auch ein gewaltiger Kulturschöpfer und Kulturpolitiker vor dem Herrn; wenige haben so dauerhafte Spuren in Geschichte, Kunst, Musik und Brauchtum hinterlassen wie er. Mit seinem Fest und seinem Namen sind festliche Speisen verbunden, die Martinsgans, das „Heischerecht" der Kinder, ja Fastnachtslustbarkeiten wie vor Aschermittwoch – als wollte er uns daran erinnern, daß Verzicht der größte Reichtum ist und eine herzhafte gute Tat fröhlich durch die Geschichte klingen darf, jahrhunderteweit.

Ja klingen, das ist ganz wörtlich zu nehmen. Denn wenn die Cappa (Mantel) oder die Capella (Mäntelchen) den kleinen Kirchen des Abendlandes den Namen gab, so haben auch die Musiker vom heiligen Martin den Namen Kapelle geerbt – von den Kirchenkapellen bis hin zu den Hof- und Staatskapellen säku-

18 Sog. Rohraffe an der Orgelkanzel des Freiburger Münsters, 1530. Eine Spielfigur mit Trompete und beweglichem Arm, die auf mechanische Weise vom Spieltisch aus betätigt werden kann.

larisierter Zeiten. Neben den Kaplänen als Geistlichen der kleinen Kirchen kommen also auch die Kapellmeister „aus dem Mantel". Ob sie es wissen und an Martini einen friedlichen Gedanken darauf verschwenden?

Man muß, um solche Zusammenhänge zu entdecken, nicht erst in die Schloßkapelle der französischen Könige, in die Sainte Chapelle in Paris gehen, wo nach der Überlieferung der Mantelrest des heiligen Martin als Reliquie aufbewahrt wurd. Erfreulicherweise sind in den letzten Jahren auch die Martinszüge der Kinder wieder in Schwung gekommen, nachdem Martinsgänse und -brezeln zum Glück nie ganz verschwunden waren.

Was suchen Menschen in diesen Bräuchen? Gewiß nicht nur Befriedigung von Sehnsucht und Gefühl, nicht nur sentimentale Rückwendung in eine längst entschwundene Vergangenheit. Nein, der Heilige und Wundertäter übt seine stille Faszination deshalb aus, weil er ganz unhistorisch gegenwärtig ist: als persönlicher Helfer in einer Zeit genormter Sozialleistungen; als Schöpfer von Bräuchen und Künsten in einer Zeit, da die Phantasie oft dürre steht. Man muß nicht reich sein, um zu schenken. Ein gutes Wort, eine beherzte Tat im richtigen Augenblick genügen. Das lehrt der rührende Zug der Lichter im sinkenden Jahr.

Hans Maier

QUELLENNACHWEIS

1 Musica sacra – Ein Vorspiel

Freuen sollen sich die Himmel – Aus: Das Buch der Preisungen. Verdeutscht von Martin Buber. Verlag Lambert Schneider, Gerlingen ¹⁰1992.

Die Schöpfung lobt Gott – Aus: Ambrosius, Enarrationes in XII psalmos davidicos. In psalmum primum enarratio; praefatio, cap. 9, col. 922 (Migne, PL XIV); zitiert nach: Hermann Pfrogner, Musik. Geschichte ihrer Deutung. Karl Alber, Freiburg/München 1954 (im folgenden: Pfrogner), 95.

Musik – die vernehmste aller Wissenschaften – Aus: Thomas von Aquin, De arte musica, ex Codice Bibl. Univ. Ticinensis, ed. v. G. Amelli, Milano 1880; hier zitiert nach: Pfrogner, 132f.

Musik – ein Bild der Kirche – Zitiert nach: Hermann Unger, Lebendige Musik in zwei Jahrtausenden. Musikgeschichte in Selbstzeugnissen. Staufen-Verlag, Köln 1940 (im folgenden: Unger), 57.

Christus als zweiter Orpheus – Zitiert nach: Pfrogner, 152.

Der besten Künste eine – Zitiert nach: Unger, 64f.

Himmelsmusik – Aus: Johannes Kepler, Harmonices mundi (1619), V, 7; zitiert nach: Johannes Kepler, Weltharmonik, übers. u. eingel. v. Max Caspar. Oldenbourg, München 1990, 315.

Das Herz singt – Zitiert nach: Pfrogner, 264.

Dona Musica spricht – Aus: Paul Claudel, Der seidene Schuh, in: Paul Claudel, Dramen. Zweiter Teil. Übers. v. Edwin Maria Landau. Kerle, Heidelberg 1958, 485.

Musik sehen, Licht hören – Aus: Olivier Messiaen, Was ist sakrale Musik? in: Communio. Internationale Katholische Zeitschrift, 6 (1978), 520–527.

Mensch und Schöpfung – Aus: Klaus Hemmerle, Musik als Liturgie – Liturgie als Musik, in: Musica sacra, 1 (1981), 14–24.

2 Rund um die Königin…

Die Orgel als königliches Instrument – Aus: Franz Fleckenstein, Gott loben, das ist unser Amt. Gesammelte Reden und Aufsätze, zum 60. Geburtstag, hrsg. v. Franz A. Stein. Pustet, Regensburg 1982 (im folgenden: Fleckenstein), 341, 160f. © by Autor bzw. Erben.

Orgeln in Byzanz – Zitiert nach: Unger, 44f.

Le facteur d'orgue et quisinier pour Carnevalle fasnacht – Karl Joseph Riepp im Zusammenhang mit dem Bau der Salemer Klosterorgel 1768, zitiert nach: Joseph Wörsching, Der Orgelbauer Karl Riepp (1710–1775). Ein Beitrag zur Geschichte der süddeutschen Orgelbaukunst des 18. Jahrhunderts. Rheingold, Mainz 1940, 250–252.

Vom Mensurieren; Vom Löten; Windladen – Aus: Karl Bormann, Orgel- und Spieluhrenbau. Kommentierte Aufzeichnungen des Orgel- und Musikwerkmachers Ignaz Bruder (1829) und die Entwicklung der Walzenorgeln. © Sanssouci, Zürich–München 1968, 99, 142, 145, 198f.

Ein Orgelbauer gibt Rechenschaft – Aus: Handzettel zur Orgelweihe in Nürnberg-Eibach am 20. Juni 1982.

Der Nürnberger Meistersänger Hans Rosenblüt auf den Orgelvirtuosen Conrad Paumann, 1447 – Zitiert nach: Unger, 58.

Hermann Finckh über die Organisten – Zitiert nach: Unger, 63.

Luther schreibt an einen Organisten – Aus: WA, Nr. 2139.

Johann Mathias Gesner, Rektor der Thomasschule Leipzig, über Johann Sebastian Bach – Zitiert nach: Unger, 102.

Gottfried Silbermann – Aus: Wulf Kirsten, Gottfried Silbermann, ensemble 6, in: Die Erde bei Meißen. Suhrkamp Verlag, Frankfurt 1987. © by Autor.

Die Legende vom Geheimhebel in Joseph Gablers Orgel zu Weingarten – Aus: Friedrich Jakob,

Die große Orgel der Basilika zu Weingarten. Geschichte und Restaurierung der Gabler-Orgel. Orgelbau Kuhn, Männedorf bei Zürich 1986 (im folgenden: Jakob), 91f.

Halber Wind und fehlende Backsteine zum Erntedank – Markus Zimmermann, Originalbeitrag für diese Ausgabe.

Die Legende um die Vox humana; Die Legende um die Kontrabaßpfeife – Zitiert nach: Jakob, 92–94.

Heimgeorgelt mit Finalkadenzen – Aus: Jean Paul, Selberlebensbeschreibung, Werke, Bd. VI. Hanser, München 1963, 1060.

„Es merkt es niemand" – Aus: Thomas Mann, Buddenbrooks. © S. Fischer, Berlin 1901, 504.

Hochzeit mit Posaune – Aus: Heinrich Wismeyer, Geschichten um die Orgel. Coppenrath, Altötting o. J. (im folgenden: Wismeyer I), 54f.

Es gibt eben doch Prophezeiungen – Markus Zimmermann, nach beglaubigtem Bericht.

Das schönste Lob – Zitiert nach: Wismeyer I, 25f.

Die Orgel, die keine Furcht kannte – Aus: Christine Lavant, Kunst wie meine ist nur versstümmeltes Leben. © Otto Müller, Salzburg 1978, 214.

„Des Teufels Sackpfeifen" – Aus: Friedrich Jakob, Die Orgel und Ihre Namen. Neujahrsblatt der Orgelbau Th. Kuhn AG in CH-8708 Männedorf (Schweiz) auf das Jahr 1975, Männedorf o. J., 33–39.

3 Gotteslob aus Menschenmund

Hieronymus über die christlichen Bauern bei Bethlehem – Zitiert nach: Unger, 42.

Der heilige Chrysostomus über den Psalmengesang – Zitiert nach: Unger, 42.

Ambrosius von Mailand: Lob der Psalmen – Zitiert nach: Pfrogner, 95.

Der gregorianische Choral – Aus: Hans Maier, Die Welt des Chorals, in: Der Fährmann, 12 (1953); (überarbeitet).

Der Choral als liturgische Musik – Aus: Olivier Messien, Was ist sakrale Musik?, in: Communio. Internationale Katholische Zeitschrift, 6 (1978).

Choral ist wieder „in" – Ausspruch Arthur Piechlers, mitgeteilt von Walter Homolka, Landau/Isar.

Reine Melodie – Hans Maier, in: Der Fährmann, 12 (1953).

Die Messe – Aus: Thrasyboulos Georgiades, Musik und Sprache. Das Werden der abendländischen Musik dargestellt an der Vertonung der Messe. Springer, Berlin/Heidelberg/New York 21974, 3; (im folgenden: Georgiades).

Süden und Norden in der Kirchenmusik – Zitiert nach: Georgiades, 44, 48.

Sansovino; Die Bruderschaft des heiligen Filippo Neri; Maugars: Das lateinische Oratorium in Rom – Zitiert nach: Unger, 90f.

Venezianische Mehrchörigkeit bei Heinrich Schütz – Aus: Heinrich Schütz, Vorrede zum Continuo-Stimmbuch seiner Psalmen Davids, Faksimile, in: Heinrich Schütz, Neue Ausgabe sämtlicher Werke. Bd. 23: Psalmen Davids 1619, Nr. 23–26, hrsg. v. Werner Breig. Bärenreiter, Kassel u. a. 1994.

Gregorianischer und altprotestantischer Choral – Aus: Willibald Gurlitt, Bericht über die Freiburger Tagung für Deutsche Orgelbaukunst 1926. Bärenreiter, Augsburg 1926, 11ff (20f.); [Nachauflage Kassel 1973].

Bachs H-Moll-Messe – Zitiert nach: Georgiades, 87–89.

„Schöpfung" und „Jahreszeiten" – Zitiert nach: Unger, 125.

Das Kyrie der Missa Solemnis – Zitiert nach: Georgiades, 99f.

Verdis Te Deum – Aus: Alexander Berrsche, Trösterin Musika. Gesammelte Aufsätze und Kritiken. Callwey, München 1942, 542f; (im folgenden: Berrsche).

Bruckner: e-Moll-Messe – Zitiert nach: Berrsche, 319f.

Strawinsky: Messe – Zitiert nach: Georgiades, 127f.

Zur Situation der Musik in der Kirche – Aus: Bertold Hummel, Zur Situation in der Kirche. In: Hans Maier (Hrsg.), Kirche, Wirklichkeit und Kunst. Matthias-Grünewald Verlag GmbH, Mainz 1980, 43ff (43, 45, 49).

Was der Kirche aufgetragen ist – Aus: Joseph Ratzinger, Zur theologischen Grundlegung der Kirchenmusik, in: Gloria Deo Pax hominibus. Festschrift zum 100jährigen Bestehen der Kirchenmusikschule Regensburg. Habbel, Regensburg 1974, 39ff. (60f.); (gekürzt).

Zur Antiekstase im christlichen Gottesdienst – Aus: Hanna-Barbara Gerl-Falkowitz, „Esset das Lamm schnell…". Zur Antiekstase im christlichen Gottesdienst, in: Communio. Internationale Katholische Zeitschrift, 3 (1993), 217, 221.

4 Singt dem Herrn ein neues Lied

Als die Deutschen singen lernten – Aus: Wilhelm Bäumker, Das katholische deutsche Kirchenlied in seinen Singweisen von den frühesten Zeiten bis gegen Ende des 17. Jahrhunderts, Bd. I. Herder, Freiburg i. Br. 1886, 5ff.
Gesangbuchtitel aus vier Jahrhunderten – Zusammengestellt von Hans Maier.
Das lutherische Kirchenlied – Aus: Walter Blankenburg, Artikel „Kirchenlied", in: Das große Lexikon der Musik, Bd. IV. Herder, Freiburg/Basel/Wien 1981, 335ff (gekürzt).
Kultlied und geistliches Lied – Aus: Hans Maier, Das Kirchenlied im „Rollenbuch", in: Communio. Internationale Katholische Zeitschrift, 1 (1976).
Das Quempas-Singen – Aus: Das Weihnachtslied, hrsg. v. Wilhelm Thomas und Konrad Ameln. Bärenreiter, Kassel u. a. 1932, 25ff.
Geistlicher Bänkelsang – Aus: Wolfgang Suppan, Das geistliche Volkslied, in: Geschichte der katholischen Kirchenmusik, Bd. II., hrsg. v. Karl Gustav Fellerer. Bärenreiter, Kassel u. a. 1976, 202ff (gekürzt).
Einfach, nicht simpel – Aus: Karl Christian Thust, Das Kirchen-Lied der Gegenwart. Vandenhoeck & Ruprecht, Göttingen 1976, 703ff.

5 Festliches und Heiteres zur geistlichen Musik im Jahreskreis

Lieder des Advents – Aus: Bernhard Bergmann, Werkbuch zum deutschen Kirchenlied. Christophorus, Freiburg i. Br. 1953, 67ff; (im folgenden: Bergmann).
Der Organist als Nikolaus – Zitiert nach: Wismeyer I, 74ff. (unter dem Titel: Die verwechselten Professoren).
Die Christmette – Aus: Oskar Maria Graf, Größtenteils schimpflich. Feder, München 1962, 234ff.
Bachs Pastorale – Zitiert nach: Berrsche, 52f.
Sonntag „Estomihi", abends – Aus: Albrecht Goes, Ein Winter mit Paul Gerhardt. Neukirchner Verlag, Neukirchen-Vluyn 1976, 45ff.
„Nun ißt Gottfried ohn' Unterlaß" – Markus Zimmermann, Originalbeitrag für diese Ausgabe.
Matthäus-Passion – Aus: Heinrich Wismeyer, Mit allen Registern. Erinnerungen eines Domorganisten. Herder, Freiburg i. Br. 1978 (Herderbücherei, Bd. 651), 42f; (im folgenden: Wismeyer II).

Ostern im Kirchenlied – Zitiert nach: Bergmann, 96ff.

Nacht in Ottobeuren – Zitiert nach: Wismeyer I, 96.

Vom Glanz geblendet – Aus: Martin Gotthard Schneider, Mozart und der evangelische Gottesdienst, in: Harald Schützeichel (Hg.), Mozarts Kirchenmusik. Katholische Akademie der Erzdiözese Freiburg (Tagungsberichte der Katholischen Akademie der Erzdiözese Freiburg), Freiburg i. Br. 1992, 104f.

6 Von Kantoren, Kapellen und Kirchenchören

Jubelt dem Herrn, alle Lande – Aus: Deutscher Psalter, übersetzt von Romano Guardini. Kösel, München ³1954, 164f.

Ihr Chöre, lobet den Herrn – Zitiert nach: Pfrogner, 118.

Die Sängerschule von St. Gallen – Zitiert nach: Unger, 49f.

Der Kanzler der Pariser Universität Gerson in den Bestimmungen über die Sängerschule von Notre Dame (um 1400) – Zitiert nach: Unger, 56.

Die Kurrende – Aus: Carl [Charles] Burney, Der Musik Doktors Tagebuch seiner musikalischen Reisen. Dritter Band: durch Böhmen, Sachsen, Brandenburg, Hamburg und Holland. Aus dem Englischen übersetzt mit einigen Zusätzen und Anmerkungen zum zweiten und dritten Bande, Hamburg 1774. – Bei Bode zitiert nach: Charles Burney, Tagebuch einer musikalischen Reise durch Frankreich und Italien, durch Flandern, die Niederlande und am Rhein bis Wien, durch Böhmen, Sachsen, Brandenburg, Hamburg und Holland 1770–1772, hrsg. v. Eberhard Klemm. Heinrichhofen's, Wilhelmshaven 1980, 363–365.

Martin Luther über die Kurrende – Zitiert nach: Unger, 62.

Bach in engerer Wahl für die Besetzung des Thomaskantorats – Aus: Bach-Dokumente, Bd. II (Fremdschriftliche und gedruckte Dokumente zur Lebensgeschichte Johann Sebastian Bachs 1685–1750). Bärenreiter, Kassel u. a. 1969, Nr. 127.

Einteilung des Thomanerchores in vier Chöre – Aus: Bach-Dokumente, Bd. I (Schriftstücke von der Hand Johann Sebastian Bachs). Bärenreiter, Kassel u. a. 1963, Nr. 180.

Aus Bachs Denkschrift an den Leipziger Rat (1730) – Aus: Bach-Dokumente, Bd. I, aaO., Nr. 22.

Chor und Kirchenarchitektur – Zitiert nach: Fleckenstein, 157.

Kapellknabe und Musikant – Aus: Johannes Ebert, Joseph Haydn. Der Mann und das Werk. Matthias-Grünewald, Mainz 1939, 20.

Kanzelprediger und Dorfkantor – Aus: Jean Paul, Selberlebensbeschreibung, Werke Bd. VI. Hanser, München 1963, 1041ff.

Vom Lachen und Weinen – Zitiert nach: Wismeyer II, 119ff.

Das trauernde Schlagzeug – Markus Zimmermann, Originalbeitrag für diese Ausgabe.

Aufgaben des Kirchenmusikers – Zitiert nach: Fleckenstein, 326f, 158, 307.

Brief der hl. Cäcilia an die Sängerinnen und Sänger in den deutschen Kirchenchören – Wolfgang Bretschneider, Originalbeitrag für diese Ausgabe.

Komm Schöpfer Geist, kehr bei uns aus – Markus Zimmermann, Originalbeitrag für diese Ausgabe.

7 Heilige Musiker und Musikpatrone – Die Chöre der Heiligen

Sprache und Musik um David – Aus: Hans-Martin Gauger, Davids Aufstieg. Erzählung. Beck'sche Verlagsbuchhandlung, München 1993, 165–166.

Von den Engeln – Aus: Erik Peterson, Von den Engeln; zitiert nach: Erik Peterson, Theologische Traktate. Mit einer Einleitung von Barbara Nichtweiß. Ausgewählte Schriften, hrsg. v. Barbara Nichtweiß, Bd. I. Echter, Würzburg 1994, 216f.

Ewiges Marienlob; Marienlob als Minnesang – Aus: Ave Maria, dich lobt Musica. Ein Marien-Singebuch, gestaltet von Walther Lipphardt. Herder, Wien 1947, Vorwort.

Cäcilia und die Kirchenmusik – Aus: Hans Maier, Caecilia unter den Deutschen. Herder, Goethe, Wackenroder, Kleist, in: Kleist-Jahrbuch 1994, hrsg. v. Hans Joachim Kreutzer. Metzler, Stuttgart/Weimar 1994, 67–71 [ohne Anmerkungen]; sowie in: Hans Maier, Cäcilia und die Kirchenmusik, veröffentlicht in: Münchner Merkur, 28. Juli 1982 (unter dem Titel „Arme Cäcilia").

Sankt Martin und die Kapellen – Aus: Hans Maier, Hilfe, ich bin normal. Herder, Freiburg i. Br. 1986 (Herderbücherei, Bd. 914), 115f.

BILDNACHWEIS

1: Abdruck mit freundlicher Genehmigung des Wittelbacher Ausgleichsfonds, Inventar-verwaltung, München.

2: Aus: Friedrich Jakob, Die Orgel. Orgelbau und Orgelspiel von der Antike bis zur Gegenwart. © Musikverlag B. Schott's Söhne, Mainz.

3: Foto: Georg Jann Orgelbau Meisterbetrieb, Laberweinting. Mit der freundlichen Genehmigung des Abdrucks.

4: Foto: Wolf-Christian von der Mülbe. Mit der freundlichen Genehmigung des Abdrucks.

5, 6: Foto: Orgelbau Th. Kuhn, Männedorf/CH. Mit der freundlichen Genehmigung des Abdrucks.

7: Foto: Schöning Verlag, Lübeck.

8: Ausschnitt aus den Freskomalereien der Kirche von Härnevi/Schweden, Ende 14. Jh. Foto: Orgelbau Th. Kuhn, Männedorf/CH. Mit der freundlichen Genehmigung des Abdrucks.

9: Neumenhandschrift, um 1350. Foto: Bildarchiv Verlag Herder, Freiburg i. Br.

10, 11: Aus: Georg Rauh, Neue Deutsche Geistliche Gesaenge. Faksimile-Neudruck. Bären-reiter, Kasel/Basel/Paris/London 1969.

12: Foto: Benediktinerabtei Ottobeuren. Mit der freundlichen Genehmigung des Abdrucks.

13: Foto: Markus Zimmermann.

14: Zwettl/Niederösterreich, Zisterzienserkloster seit 1138. Foto: Verlag Richard Pietsch & Co. KG, Wien.

15: Foto: Rudolf Paulus, Fotostudio Ahlen. Abdruck mit freundlicher Genehmigung des Generalats der Schwestern der hl. Maria Magdalena Postel, Bestwig.

16: Foto: Bayerische Verlagsanstalt, Bamberg. Mit der freundlichen Genehmigung des Abdrucks.

17: Foto: Markus Zimmermann.

18: Foto aus: Carl Winter, Das Orgelwerk des Freiburger Münsters, hrsg. v. Erzbischöf-lichen Ordinariat Freiburg i. Br.